Schachbordelle
Menantes-Preis für erotische Dichtung
2012

Schachbordelle

Erotische
Gedichte & Geschichten

35 Beiträge zum Menantes-Preis 2012
ausgewählt von Jens-Fietje Dwars
mit fünf Zeichnungen von
Karl-Georg Hirsch

qV

Frank Wittmer

Weintrinker

Runde schwellende Frucht
reifer Beeren, waldig erdig
kräuterwürzig wechselnd Süß und Herb
mit einem Hauch von Rotwild:
fünfundzwanzigjähriger Volnay
schmeckt am besten
aus der Halsbeuge
einer geneigten Frau

Waltraud Bondiek

Luxus, Stille und Wollust

Mein Lieblingswort? – Paradiesbewohner. Meine Lieblingsfarbe? – Hummer ... Kaviar ... Trüffel ... Ob mir Pop-Art gefällt, ob mir der Künstler Allen Jones was sagt? – Sie können Fragen stellen, mein Herr. Wenn Sie auf Silikon-Implantate und geschnürte Korsagen ... Ach, wegen meiner Stiefel kommen Sie auf Allen Jones, weil seine Ladys auch Schaftstiefel mit solchen mannstollen Absätzen tragen ... Warum schmunzeln Sie? Nein, höher, steiler, spitzer sind sie nicht zu bekommen. Mein Lieblingswerk von Allen Jones ist übrigens „Luxus, Stille und Wollust". Auf Ihr Wohl, mein Herr, auf den Luxus, die Stille ... Haben Sie wirklich angenommen, ich hätte nicht bemerkt, wie Sie mir durch die Fußgängerzone gefolgt sind, so „diskret", so selbst- und zielsicher, dass ich Sie bemerken musste? So etwas schmeichelt den Frauen. Mich macht es willenlos. Jetzt sind wir hier, im besten Hotel der Stadt und trinken Champagner in der Penthouse-Suite. Sie sitzen mir im Kimono gegenüber, dem auberginefarbenen, den man für den Herrn vorgesehen hat, und ich Ihnen – nun ja – ohne Kimono, in diesem Hauch von Drunter und Drüber, weil mir die Farbe „Flamingo" einfach nicht steht, und weiße Bademäntel sind eine ästhetische Zumutung, da bin ich ganz Ihrer Meinung ... Für Sie war also klar, dass es die Penthouse-Suite sein muss, dass mit jemandem, der sich Stiefel wie diese hier leistet, Stiefel zu einem so übergeschnappten, einem zum Totlachen aberwitzigen Preis, dass mit jemandem wie mir, wenn überhaupt, nur die Penthouse-Suite geht. Sieht man mir das an? Das wäre mir peinlich. Kommen Sie, schauen Sie, der Blick über die Stadt ist wirklich schön, die bunten Geschäftsstraßen am Abend, der blinkende Verkehr, in der Ferne der Kreisel, das angestrahlte Opernhaus, der schwarze Fluss. Der Blick ist nicht so eintönig wie das Blau in Blau der Südsee. Und nicht so apokalyptisch wie die Raserei der Leuchtschriften, diese Amok laufenden Lichter und Farben in einer ostasiatischen Mega-Metropole. Vom Straßenlärm hört man nichts hier oben. Sie finden, das Schönste an dem Ausblick bin ich auf dem weißen Ledersofa davor, mit diesen handschuhweichen, bis über die Knie reichenden Stiefeln und – natürlich – diesen Beinen. Danke! Meine Beine und meine Stiefel hatten es Ihnen also angetan, als Sie mich ansprachen, als Sie mir mit der größten Selbstverständlichkeit der Welt – ein wenig zu väterlich vielleicht – die Einkaufstüten abnahmen und mich zum „Business-Lunch" einluden. Unsere Geschäftsbeziehung sollten wir pflegen, denke ich. Probieren Sie mal diese Chili-Ingwer-Häppchen ... Wann bin ich Ihnen eigentlich aufgefallen? Kauen Sie ruhig aus ... Aha, bei „Laura's" haben Sie mich durchs Schaufenster gesehen. Ja, vor ihrem Geschäft bleibt jeder stehen, empfindliche Gemüter wünschen sich eine Blindenbrille. Lachen sie nicht! Sie sagen, es waren die Auslagen, die Sie fesselten, zunächst jedenfalls, dann ich und meine Hände, wie sie durch die Dessous glitten. Lauras Kreationen sind eine Erweckung, eine Offenbarung, „Songs of Love and Hate" nenne ich sie. Was Sie an mir sehen, ist übrigens maßgeschneidert. Kommen Sie, streichen Sie mal drüber. Auch hier. Und da. Ja, genau diese Stelle! Na, wie fühlt sich das an? Ein solches Teil lässt sich nur träumen, Sie sagen es. Es spricht mit Engelszungen zu Ihnen. Ihr Marschallstab versteht diese Sprache, wie ich sehe. Aber Ihre Hand hat dort nichts zu suchen. Das Prachtstück sollten Sie besser mir überlassen, meine Zunge ist eine Akrobatin, fähig zu tollkühnen Flick-Flacks und verwegenen Roll-ups. Nein, nichts, was ich in den Mund nehme, ist schmutzig, gewisse Wörter ausgenommen. Die möchten Sie hören, die soll ich Ihnen ins Ohr flüstern? Jetzt? Mein Herr, geflüstert wird bei mir nicht, weder ins Ohr noch vor Mitternacht. Sie sagen, mein kurzes, platinblondes Haar fühlt sich an wie Hermelinfell. Und meine kindlichen Brüste, meine knabenhafte Figur, was ist damit? Soso, der Weihrauch in meiner Stimme turnt Sie an. Auf Weihrauch wäre ich niemals gekommen. Wer „Weihrauch" sagt, denkt nämlich weiter, tiefer, der denkt an Sünde und Beichte, wenn er ans Ende denkt, in Ihrem Phall natürlich an das Ende meiner Beine, an das Dazwischen, die Wölbungen der Venus, glatt wie ein Handschmeichler und samtweich wie Stutenlippen. Geben Sie zu, in Gedanken spielen Ihre Finger doch längst unter den mitternachtsblauen Spitzen herum. Sie schwitzen ja! Öffnen Sie den Kimono! Weiter! Lockern Sie ihn auch oben. Ich liebe graues Brusthaar. Ich fahre gern mit den Fingern hinein. Ihr Brusthaar ist wunderbar dicht, es wirkt sehr nobel in diesem Ambiente. Wissen Sie was: Ich habe Lust auf den Whirlpool, kommen Sie, wir sollten ihn sprudeln lassen. Ich gehe schon mal rüber ... Warum langsam? Ach so, weil Sie den Anblick meiner Rückseite genießen wollen. Schlendern soll ich. Gut, mein Herr, dann werde ich mal den Schlendrian in meinen Schritt legen. Aber mit Stiefeln kann ich nicht ins Wasser. Helfen Sie mir beim Ausziehen! Auf dem Boden geht es am besten. Ich setz mich hin und Sie ziehen. Nur zu, fassen Sie mit beiden Händen unter die Ferse! Klar, die Absätze sind schamlos, geradezu obszön. Gut so, und jetzt ziehen! Kräftig! Lassen Sie uns doch „du" zueinander sagen, Ihren richtigen Namen können Sie für sich behalten. Ich bin Marlene ... an der Ferse ... ziehen, ziehen ... grrrrr ... also Jean-Claude heißt du, Jean-Claude gefällt mir, Französisch mag ich ... ziehen .. grrrrr ... auch die Sprache, oh ja, auch die Sprache gefällt mir ... schmmm ... perfekt machst du das ... schmmm ... weiter, weiter ... ein bisschen noch ... schmmm ... gleich, gleich ... mit Gefühl, Jean-Claude, mit Gefühl ... jajajajaja ... jaaaaa! Und jetzt den zweiten Stiefel. Kannst du noch?

Christina Müller-Gutowski

Kalligraphisch

dein Leib
reibt schreibt
mich schön
und bitte tattoo
mir was an und
unter die Haut
lautmal mich
mündlich
behände
schlussende
uns
.

Helmut Stauder

Schlange und Schafe

Die weiße Maus stellt sich tot. Die Korallenschlange fixiert sie, züngelt fein. Dann schlägt sie zu. Giftzähne bohren sich in den kleinen Körper, ein schrilles Quieken, ein paar Zuckungen, dann liegt die Beute still.

Der hellrot schwarz gestreifte Leib der Schlange windet sich um das Opfer, das Maul öffnet sich weit, packt die Maus am Kopf. Langsam und bedächtig beginnt sie, ihre Mahlzeit zu verschlingen.

Bettinas Schenkel zucken, sie presst ihre Hand fest in ihren Schoß. Dann geht sie in die Küche und schenkt sich ein Glas Prosecco ein. Sie zittert immer noch leicht, die Macht des Giftes und die schlanke Kraft des Schlangenleibes haben sie wieder einmal heftig erregt.

Ach, wenn er doch schon da wäre!

Sie wäre ja so bereit für ihn!

Ihre vollen Brüste drücken sich weich an seinen Hinterkopf, ihre Hände streicheln seine Wangen, wandern am Hals entlang tiefer, gleiten über seine Brust, nähern sich seinem Gürtel.

„Bist Du sicher, dass Du heute ganz pünktlich das Büro verlassen musst?"

„Versteh' doch, sie wartet. Will mit mir feiern. Ich habe es versprochen."

„Und wenn Du Dir eine gute Ausrede einfallen ließest? Ich würde Dich auch verwöhnen."

Sie schnurrt in sein Ohr, beißt in seinen Hals, ihre Hände werden fordernder, dringen ein ...

11

Zwei Stunden später rast Michael in seinem silbernen Jaguar über die Landstraße nach Hause. Alleebäume huschen vorbei wie Schemen.

Was soll er ihr nur sagen? Überstunden, weil noch etwas Wichtiges zu erledigen gewesen sei? Wird sie nicht glauben. Sie ist ziemlich misstrauisch in letzter Zeit. Weil es zu häufig vorkommt.

Neben der Straße grast eine große Schafherde, bestimmt zweihundert Stück. Schäferhunde umschwärmen sie und treiben die Tiere auf ein Gatter zu.

Das ist eine glänzende Idee. Das wird sie glauben. Sie mag Schafe.

Die Reifen quietschen, als er vor dem Haus hält. Sie steht in der Türe, die Arme vor der Brust verschränkt, strafender Blick.

„Liebling, Du wirst es nicht glauben, aber ich stand auf der Landstraße über eine Stunde lang eingekeilt in eine Schafherde und konnte einfach nicht weiterfahren. Der Schäfer hat nur mit den Schultern gezuckt. Waren bestimmt zweihundert Tiere. Haben mich durch das Autofenster angestarrt und geblökt. Ein Höllenlärm, das kann ich Dir sagen.. Man meint, man wird taub davon. Aber nun bin ich ja bei dir."

Sein verführerisches Lächeln, der Rosenstrauß, ein zarter Kuss. Und sie wird weich, öffnet die Blockade ihrer Arme, zieht ihn an sich, bereit zu vergeben.

Da stutzt sie. Ist da nicht der Hauch eines fremden Parfüms? Ein feiner Moschusduft? Aber seine Hände, die ihren Rücken und Hals streicheln, lenken sie ab. Begehrend drückt sie sich an ihn.

Sie hat den Tisch gedeckt. Mehrere kleine Vorspeisen, Tapas, dazu ein Syrah Frizzante, eine Rarität aus dem

Südosten Australiens. Blutrot, mit einem erregenden Bouquet. Ein passender Aperitif für das Folgende.

Sie setzen sich. Dabei fällt ihr Blick auf seine Hose. Was ist das für ein Fleck im Schritt? Weißlich. Sieht frisch aus. Ekelerregend! Eindeutig.

Sie versteift sich erneut. Also doch! Sie hat es ja gewusst. Sie entschuldigt sich, steht auf, geht hinaus, begibt sich in den Flur, zur Garderobe, durchsucht sein Sakko. Und wird fündig. Ein schwarzer Slip. Tanga.

Wie kann er nur so dumm sein! Oder hat ihn diese Schlampe vielleicht heimlich in seine Tasche geschmuggelt? Damit sie, die Ehefrau, ihn findet? Und ihn hinauswirft? Damit sie ihn dann endlich ganz für sich allein haben kann? Nein, keine andere soll diesen Mann haben!

„Liebling, ich bin gleich wieder bei dir. Ich möchte nur schnell das Geschenk für dich holen. Fang doch schon mal an!"

Sie eilt in ihr Zimmer, in dem das Terrarium steht, greift die Schlange vorsichtig hinter dem Kopf, sieht ihr in die Augen. „Du musst eine Kleinigkeit für mich tun, meine Liebste."

Die Korallenschlange züngelt. Bettina schiebt sie vorsichtig in die Sakkotasche, in der das Höschen liegt, und zieht schnell ihre Hand zurück.

Er sieht von seinem Vorspeisenteller auf, in freudiger Erwartung. Sie stellt sich hinter ihn.

Ihre vollen Brüste drücken sich weich an seinen Hinterkopf, ihre Hände streicheln seine Wangen, wandern am Hals entlang tiefer, gleiten über seine Brust, nähern sich seinem Gürtel. Ja, der Fleck ist absolut eindeutig.

„Liebling, ich habe Dein Geschenk versteckt. Du musst es suchen gehen. Kleiner Tipp: Du hast ein sehr schönes Sakko."

Er steht auf, küsst sie flüchtig, geht zur Garderobe. Kurz ist es still, dann sein Schrei.

Leichenblass steht er vor ihr. Hält die Hand vorwurfsvoll empor. An seinem Daumen zwei Blutstropfen. Rot. Wie der Syrah Frizzante.

„Du willst mich umbringen!"

„Weil du es verdienst. Du hast mich betrogen. Und ich habe dir geschworen, dass ich dich dafür töten werde. Hast du das vergessen?"

Wortlos dreht er sich um, rennt aus dem Haus, springt in seinen silbernen Jaguar, fährt mit quietschenden Reifen los. Im Krankenhaus in der Stadt werden sie Serum haben. Alleebäume huschen vorbei wie Schemen.

Doch da muss er scharf bremsen. Die Landstraße ist blockiert. Der Schäfer treibt seine Herde in aller Ruhe vor sich her.

Isabel Hessel

pianopiano

in deinen flügel berg ich
mich schwarz auf weiß
spielen wir
zwischen den saiten lesen
küssen uns
im takt
unsrer häutung hinauf
zum zweigestrichnen
c

Bastí Perca

Asymmetrie

Ich sage Ihnen, meine Damen, der Anspruch meiner Bilder ist wahrlich zu groß, als dass mir jemals eine plumpe Erscheinung vor die Linse treten wird", verkündete Karl und nippte an seinem Champagner. Die Frauen, die ihn umringten, hingen an seinen Lippen.

„Sehen Sie hier, mein Meisterwerk." Er wies auf ein Foto, das fast die gesamte Wand einnahm. Die Damen versammelten sich um das Bild, blickten nach oben und gaben sich dem Bann einer halbnackten Blondine hin. Sie lag seitlich auf einer Pelzdecke. Ihr Mund war leicht geöffnet, ihr Blick richtete sich verführerisch durch die Kamera hindurch auf die Betrachter und ein weißes, seidenes Tuch bedeckte ihre Blöße. Die Schulter leicht nach vorn geschoben, bot sie sich den Zuschauern an, während ihr kurviger Oberkörper sich auf den linken Arm stützte.

Karl beobachtete seine Gäste, wie ihre Blicke die Konturen vom Fuß aufwärts verfolgten, über die leicht bedeckte Hüfte glitten, zu dem mit der rechten Hand bedeckten Busen kamen und sich an einer Kette um den Hals verfingen. Er sah auf ihren leicht erröteten Gesichtern die Spannung und das Kribbeln im Bauch. Wieder einmal hatte er es geschafft.

„Was ist Ihr Geheimnis, Herr Karlsky?", ließ sich eine Dame in einem weißen Abendkleid vernehmen. „Wie schaffen Sie es, dass all Ihre Bilder so, so perfekt sind?" Karl musterte sie. Ihr Kleid hatte einen tiefen Ausschnitt, der bis zu ihrem Bauchnabel reichte, und nur durch ihren prallen Busen seine Form behielt. In ihrem Dekolleté hing eine lange goldene, aber dezente Kette, die den Blick in die Tiefe zog.

„Bitte", bat Karl, „lassen wir doch diese Formalitäten. Sie dürfen mich duzen, meine Liebste." Er ging einen Schritt auf sie zu und hauchte einen sanften Kuss auf ihren Handrücken.

„Sie dürfen mich alle duzen", rief er in die Runde hinein, woraufhin ein leises Kichern durch die Reihen ging. Karl beugte sich zurück und sah der Frau vor ihm tief in die Augen, ohne dabei ihre Hand loszulassen.

„Das Geheimnis meiner Bilder", begann er nun und wandte seinen Blick zum Foto an der Wand, „liegt in der Wahl meiner Motive. Ich erkenne wahre Schönheit, wenn ich sie sehe. Ich erkenne die Perfektion in einer Frau und fange sie ein. Ich versetze einen perfekten Moment in die Ewigkeit. Betrachten Sie das Bild. Sehen Sie sich dieses wunderbare Geschöpf an. Eine makellose Gestalt, keine Leberflecke, gleichmäßiger Teint in einem perfekten Kontrast, wohlgeformte Rundungen."

Karl wandte sich wieder zu der Frau in dem weißen Abendkleid. Er legte seinen Mund an ihr Ohr, roch ihr Parfüm, sah wie sich ihre kleinen Nackenhärchen aufstellten und spürte das leise Zittern ihrer Lippen.

„Ich erkenne Perfektion, wenn sie vor mir steht."

Karl verließ die Ausstellung mit der Dame im Arm und lief mit ihr die Straße hinunter.

„Ach, hör auf", sagte sie geschmeichelt und stupste mit ihrer Hand an seine Brust.

„Aber natürlich, Denise", erwiderte er selbstsicher. „Du hast das Potential dazu. Du bist eine wunderschöne Frau. Warum soll es die Welt nicht sehen dürfen?"

Sie zögerte mit ihrer Antwort. Karl blieb stehen und zog sie an seinen Leib. „Komm mit in meine Welt der Schönheit und der Lust", sprach er feierlich und setzte seinen Mund zum Küssen an.

„Entschuldigen Sie", unterbrach ihn eine raue Frauenstimme von der Seite: „Haben Sie ein wenig Kleingeld? Ich muss kurz telefonieren."

Karl sah eine Frau, die von der Laterne über ihr beleuchtet wurde. Er musterte sie, so wie er es immer tat, wenn er Frauen gegenüber stand. Doch die hier war anders, ließ sich nicht einordnen. Mit flüchtigen Blicken entdeckte er immer mehr Details an ihr, die ihn faszinierten. Sie trug eine schwarze Jeans, die sich eng um ihre Schenkel wandt und darüber Lederstiefel, die ebenfalls einen dunklen Ton aufwiesen. Um ihren rechten Knöchel ringelte sich ein lila Band, das ein Haargummi hätte sein können. Von ihrer Hüfte herab hing ein Gürtel mit metallisch umrahmten Löchern, die genau über ihrer Pofalte lagen.

„Hey", rief sie. „Ich habe Sie etwas gefragt." Karl sah verwirrt in ihre tiefgrünen Augen. Ihre rechte Augenbraue war von einer Narbe durchschnitten, die ein Stück weit in die Stirn hinein lief.

„Was?", fragte er, während sein Blick an ihren vollen rot geschminkten Lippen haften blieb, die im Kontrast zur hellen Haut hervorstachen, selbst in dem dämmrigen Licht der Straßenlaterne.

„Alles in Ordnung bei Ihnen?"

Karl fing sich wieder und gab ihr Kleingeld. Sie bedankte sich und betrat die Telefonzelle neben der Laterne. Karl starrte sie weiter an, sah ihre Lederjacke, die ihr etwas Männliches gab, sich aber perfekt um ihren schmächtigen Oberkörper legte. Der Kragen war aufgerichtet und verdeckte das Motiv einer Tätowierung, die sie auf der linken Seite ihres Halses trug. Zudem hingen noch lange Ohrringe mit kleinen weißen Federn davor. Dann entdeckte er die Schweißerbrille auf ihrem Kopf, die ihr Haar wie ein Reif zusammenhielt. Dieser Anblick war eigenartig und fremd und dennoch faszinierte er ihn.

„Karl", sagte Denise leise. „Wollen wir weitergehen?"

„Wohin?", fragte er verwirrt. „Ach so, ja, natürlich. Warte einen Moment. Ich muss mit der Dame noch etwas klären." Er stand nervös vor der Telefonzelle und wartete, bis sie wieder heraus kam.

„Danke", sagte sie. „Ich habe nicht mehr gebraucht." In einer fließenden Bewegung drückte sie Karl das Wechselgeld in die Hand und lief die Straße hinunter.

„Warte", rief er und ging ihr nach. „Weißt du, ich bin Fotograf und immer auf der Suche nach neuen Modellen. Und du ... du hast das Potential dazu."

Sie stoppte und blickte ihn an.

„Hier, meine Visitenkarte", sagte er jetzt wieder selbstsicherer und drückte ihr ein kleines Stück Pappe in die Hand. „Komm einfach mal in meinem Studio vorbei und dann reden wir ein bisschen."

Sie blickte kurz auf die Karte, dann zu ihm und anschließend zu Denise, die sich gerade beleidigt in die andere Richtung entfernte.

„Ihre Freundin haut ab", sagte sie gleichgültig.

„Vergiss sie", antwortete er. „Kommst du?"

„Auf Wiedersehen", schmunzelte sie und ging weiter ohne sich umzudrehen.

Die Glocke an der Studiotür läutete, während Karl dabei war im Hinterzimmer Fotos von zwei sich rekelnden Frauen zu schießen. Sie trugen beide schwarze eng anliegende Hosen, Schweißerbrillen hielten ihre braunen Haare zusammen und sie bedeckten mit ihren Händen einander wechselseitig die Brüste.

Karl sah zur Tür hinüber, sein Atem fing an zu stocken. Sie, die Unbekannte, hatte sein Studio betreten und blickte sich um. Niemals hätte er damit gerechnet, sie noch einmal wiederzusehen. Mit einem Wink entließ er seine Modelle und lief ihr entgegen.

„Dass du gekommen bist", rief er freudestrahlend und wollte sie auf die Wange küssen. Sie aber stieß ihn mit einer Hand zurück. Langsam und wortlos schlich sie wie eine Katze durch den riesigen Raum, dessen Wände übersät waren mit Aktfotografien, zumeist in klassischem Schwarz-Weiß. Fast alle Motive bestanden aus Frauen, die einander berührten. Oft wurden Rundungen raffiniert ausgeleuchtet, mit Wasserperlen benetzt oder durch Hände betont. Karls Blick verfolgte ihre Bewegungen, doch sie sah nur die Bilder. Wieder fielen ihm neue Kleinigkeiten an ihr auf, die er begeistert in sich aufnahm. Sie hatte eine bläulich schimmernde Haarsträhne an der Seite ihres Kopfes und trug ein schlichtes weißes Halsband. Dazu Hose, Stiefel und Gürtel wie beim letzten Mal, nur die Schweißerbrille fehlte. Und statt der schwarzen lag ihr eine rote Jacke um die Schultern, die ebenso perfekt saß.

„Ihre Bilder sind schlecht", sagte sie. „Die Eleganz der Objekte löst sich in der Entblößung auf und die Lust mit ihr." Nüchtern sah sie sich um. „Der Verzicht auf Farben und die schlichte Anwendung von Kontrasten stimuliert das Auge in keinster Weise. Wir betrachten die Leere, nicht die Fülle. Wir sehen das Gängige, aber nicht das Ungewöhnliche. Die Posen sind immer gleich, die Perspektiven langweilig."

Eine vernichtende Kritik, die Karl die Sprache verschlug. Sie kam auf ihn zu, ganz nah trat sie an ihn heran, sodass sich ihre Leiber fast berührten. Beinahe wäre er einen Schritt zurück gewichen. Sie sah ihm in die Augen. Sein Blick wanderte von ihrer Narbe an der Braue über die weiße Wange zu ihren roten vollen Lippen. Er roch ihren Duft, der aus keinem gängigen Parfüm bestand, und spähte in ihr gelbes Top hinein.

„Ich möchte Ihnen etwas beibringen", sagte sie.

„Etwas beibringen?", schluckte er.

„Schließen Sie die Tür", befahl sie ihm, aber er bewegte sich nicht.

„Na los schon", legte sie leiser, fast zärtlich, nach und deutete mit ihren Augen auf die Tür.

„Und dimmen Sie das Licht ein wenig."

Verunsichert, aber neugierig, eilte er zur Tür, verschloss sie und kehrte zurück.

„Setzen Sie sich", sagte sie und wies auf einen Stuhl. Karl zögerte, dann ließ er sich fallen. Sie lief langsam um den Stuhl herum und streifte dabei ihre rote Jacke ab.

„Lust entsteht nicht, wenn man das Objekt der Begierde haben kann", hauchte sie ihm ins Ohr, „sondern erst wenn es sich entzieht." Sie legte ihre Jacke zur Seite und zog einen langen Schal aus dem Ärmel.

„Ihre Bilder offenbaren alles. Man sieht alles, man weiß alles, man kennt alles. Der Geist braucht keine Neugierde mehr, er konsumiert nur noch makellose Titten."

Sie schlich wieder vorsichtig um den Stuhl und kam hinter ihm zum Stehen.

„Ahnen Sie, was jetzt passiert?", flüsterte sie, während sie mit dem Schal über seine Augen strich.

„Sind Sie neugierig darauf, was jetzt kommen könnte? Vielleicht passiert gar nichts. Vielleicht ist das alles nur ein Spiel. Aber vielleicht ist es auch eine Verführung?" Sie kniete sich hinter den Stuhl, griff nach seinem rechten

Arm und band ihn mit dem Schal an das rechte hintere Stuhlbein. Das Gleiche wiederholte sie mit dem linken Arm. Sie ging wieder um den Stuhl herum und beugte sich vor, um seine Augen zu sehen, die erneut in ihr Top schielten.

„Ich könnte Sie berühren, aber damit würde die Neugierde zu schnell verfliegen."

Sie ließ ihre Hand andeutungsweise über sein Gesicht gleiten, hielt aber immer einen Abstand, sodass sich ihre Körper nicht berühren konnten. Karl versuchte, sein Gesicht in ihre Hand zu legen, aber selbst das gelang ihm nicht.

„Ich könnte mich ausziehen, mich vor Ihnen rekeln und mich selber berühren, so wie die Modelle auf Ihren Bildern. Kann Sie das noch erregen, noch die Lust in Ihnen wecken?"

Karls Herz fing an zu rasen und er betrachtete gierig den Körper der Fremden vor ihm. Was wäre, wenn sie all das machen würde? Ihm wurde heiß und ein Kribbeln machte sich in seinem Bauch breit. Sie beugte sich zurück, ging unter Karls neugierigen Blicken zu ihrer Jacke und zog ein kleines Messer hervor. Seine Augen weiteten sich und starrten das glänzende Stück Metall in ihren Händen an. Sie kam langsam auf ihn zu und setzte sich auf seinen Schoß, während er sich immer weiter in den Stuhl zu pressen versuchte. Sein Blick lief über ihren Körper, an ihrem Hals vorbei, wo er immer noch nicht das Motiv ihrer Tätowierung erkennen konnte, und endete an ihren vollen Lippen. Er wollte sie küssen, doch sie wich zurück. Seine Lippen mussten etwas fühlen, gierig haschten sie nach ihrem Hals, ihren Brüsten. Sie griff in sein Haar und zog ihn schmerzhaft nach hinten. Das Messer blitzte auf.

„Ein merkwürdiges Gefühl", flüsterte sie, „wenn sich zur Lust ein Hauch von Angst und Gefahr gesellt. Soll ich abbrechen?"

Karl schüttelte den Kopf. Sie griff nach seinem Hemd, setzte das Messer am Kragen an und zerschnitt es, sodass sein makelloser Oberkörper zum Vorschein kam. Einen Moment betrachtete sie ihn.

„Perfektion ist uninteressant, der Makel und die Asymmetrie sind die Grundsteine des Schönen."

Sie machte einen Schnitt durch die Haut seiner linken Brust. Karl wollte aufschreien, aber sie presste ihre Lippen auf seine und er versank in einem unbeschreiblichen Gefühl aus Angst, Schmerz und Lust.

„Sie werden mir eines Tages dankbar sein", sagte sie, stand auf, griff nach ihrer Jacke und lief zum Ausgang.

„Warte!", schrie Karl ihr nach. „Geh nicht! Ich will dich! Ich will dich jetzt!"

Als sie die Tür aufgeschlossen hatte, drehte sie sich noch einmal um, hauchte ihm ein „Lebe wohl" zu und verschwand.

Ulla Worringer

schweig
mein geliebter

still

meinen durst sieh
mein verlangen

den unverhüllten körper
zu deinen füßen
meine schenkel weit geöffnet bereit
dich zu empfangen

lausche ich
deinen worten
sittsam
mit übergeschlagenen beinen

Philipp Koch

Nachbarn

Eines Morgens wachte ich mit einem wohligen Gefühl auf und sagte mir, dass ich mit dem Jungen von Gegenüber spielen würde. Und ich habe mit ihm gespielt. Und er mit mir. Ich war mir solange sicher, die Kontrolle auszuüben, dass ich jetzt ganz verwirrt bin, weil ich nicht mehr weiß, wer hier eigentlich mit wem spielt, wer Katz und wer Maus ist.

Sie hatte die Harfe nahe ans Fenster gerückt und spielte mit geschlossenen Augen. Die Sonne tauchte den grauen Hinterhof in warmes Licht, der Kaffeeduft, die herüberwehenden Töne. Ich schloss die Augen und vergaß die Zeit. So bemerkte ich erst nicht, dass ihr Spiel aufgehört hatte. Die tiefe Stille, die plötzlich über diesem Morgen lag, war für mich Teil der Musik, war ihre Fortsetzung, ihr Ende ebenso wie der kurze Atemzug vor einem Anfang.

Gleich am ersten Abend in meiner eigenen Wohnung habe ich festgestellt, dass ich gern spioniere. Ob es an der Möglichkeit liegt, am Reiz des Verbotenen, oder ob es mir wirklich gefällt ... da bin ich mir nicht sicher. Aber es ist für mich in den ersten paar Tagen ein großes Vergnügen gewesen, des Nachts an meinem Fenster zu sitzen, unsichtbar, und in die Wohnungen meiner Nachbarn hineinzusehen. Da ist die alte Frau mit ihrer Katze. Da ist der junge Student, der meistens ein paar Jungs zum Trinken bei sich hat. Da ist die Tussi, ein Stockwerk höher, die immer telefoniert. Und da, das ist das Fenster von dem schweigsamen Raucher. Jeden Abend stellt er sich ans Fenster und raucht und schaut hinaus, auf den engen Hof. Mir kam es vor, als sähe er nichts. Als stünde er da, rauchte – und aus.

Wie lang sie mich wohl schon beobachtet haben mochte? Seltsamerweise genoss ich die Ungewissheit, wie das Wissen, dass sie mich gesehen, dass sie mich beobachtet hatte. Ich grinste und deutete ein Klatschen an. Sie verbeugte sich mit einem breiten Lächeln und warf den Kopf zurück. Ich musste lachen und sie begann wie toll schnellere und schnellere Läufe zu spielen. Ihre Finger tanzten nur so über die Saiten. Dabei schaute sie mich mit einem Blick an, dass einem schwindeln konnte. Seitdem grüßen wir uns, so von Haus zu Haus, über den Hinterhof hinweg, und ein seltsames Spiel hat zwischen uns begonnen.

Vor zwei Wochen bin ich in meine erste eigene Wohnung gezogen, von den Eltern weg, in die Stadt. Hier habe ich einen kleinen Job in einer Musikalienhandlung und sonst übe ich für die Prüfung an der Musikakademie. Für mich sind das aufregende erste Tage gewesen, so ganz allein. Und immer noch fühlt sich alles neu und besonders an. Überhaupt: so eine Stadt! Was man da alles entdeckt und erlebt. Und die vielen Menschen, die tausend Gesichter am Tag, und ich mittendrin, still, stumm, schauend, lächelnd. Manchmal komme ich mir ganz besonders vor, manchmal fremd, manchmal glücklich, manchmal wie am falschen Platz.

Die Harfenspielerin ist groß und dunkel. Heute trägt sie schwarz. Ihren Mantel hat sie achtlos irgendwohin geworfen und eine Baskenmütze sitzt frech auf ihrem Kopf.

Sie muss gerade nach Hause gekommen sein. Nicht schlecht, denke ich und stecke mir eine Zigarette an. Ich bin mir bewusst, dass ich da etwas tue, was sich nicht gehört. Aber der Reiz dieser Situation besticht mich, dieses Ungleichgewicht der Kräfte, das da entsteht, wenn einer beobachtet, diese subtile Form von Macht, die ich habe: hinschauen zu können, ohne dass sie es weiß. So stehe ich da und rauche und kann nicht wegsehen, als sie beginnt, sich auszuziehen. Die Baskenmütze fliegt in Richtung Mantel, sie zieht den Pullover über den Kopf, ihre Brüste spannen unter dem engen, weißen Shirt, ihre Hose fällt, sie dreht sich um, dann ist das Shirt auch schon ausgezogen. Alles passiert ganz natürlich, beinahe zu alltäglich. In Unterwäsche geht sie aufs Fenster zu. Schnell lasse ich meine Zigarette verschwinden. Sie hat kleine Brüste. Das sehe ich noch. Dann sind die Vorhänge zu und ich sehe nur mehr ihre Silhouette. Sehe, wie sie ihren BH öffnet. Wie sie sich ihr Höschen herunterstreift.

Ich musste wieder mehr üben, hatte mein Spiel vernachlässigt, all die neuen Eindrücke und so. Ich spielte, spielte, spielte also, genau am Fenster übrigens, spielte irgendwie gelöst von allem, besser als sonst, meine Finger tanzten über die Saiten, als würden sie gar nicht zu mir gehören. Zwischen meinen halb geschlossenen Augenlidern spähte ich ab und an hinüber. Als ich ihn dann sah, wie er da stand, mit der Zigarette in der Linken und mir zuhörte, durchschauerte es mich. Jetzt spielte ich für ihn. Dem letzten Ton ließ ich seine Freiheit. Ließ ihn fliegen, durchs Fenster hinaus in den Hinterhof, in den Tag, in den Himmel hinauf. Dann lächelte ich ihn an. Wie herrlich das war. Er schämte sich richtig und deutete unbeholfen ein Klatschen an.

Vor zwei Wochen ist Gegenüber eine neue Mieterin eingezogen. Erst habe ich das gar nicht registriert. Andauernd zieht hier irgendjemand ein oder aus. Gegenüber heißt bei mir nicht von Straßenseite zu Straßenseite, gegenüber, das sind keine fünfzehn Meter grauer Hinterhof. Man kann also recht gut sehen, was die lieben Nachbarn so treiben. Natürlich bin ich keiner, der seine Nachbarn ausspioniert. Ich habe nur die Angewohnheit, am Fenster zu rauchen. Ganz automatisch gleitet mein Blick von Zigarette zu Zigarette durch den tristen Hinterhof und die gegenüberliegenden Fenster entlang.

Als er bemerkte, dass ich ihn beobachtete, telefonierte er gerade. Man konnte ihm direkt ansehen, wie es in ihm zu arbeiten begann. Mein nächster Schritt war, ihn mir gänzlich gefügig zu machen. Ich stieg also durch das Treppenhaus des Jungen von Gegenüber und machte mir Notizen, von wo aus man in etwa was würde sehen können in meiner Wohnung. Ich wollte ja nur für ihn nackt sein. Nicht für alle. Zurück in meinem Zimmer, rückte ich die Harfe an einen Platz, an dem er mich würde spielen sehen können. Dann hieß es warten.

Ein Mal wache ich auf und höre sie Harfe spielen. Sie hat sich so hingesetzt, dass ich sie gut, sehr gut sehen kann. Sie ist splitternackt, hat die Augen geschlossen und spielt und spielt und spielt, während ihre langen schwarzen Haare sich um ihre Schultern schlingen und bis zu ihren Brüsten herabreichen. Nach einer Zeit – ich glaube, als sie mich, meine Blicke, bemerkt – steht sie auf, streckt sich, tut so, als gäbe es mich nicht, tritt ans Fenster und zieht mit einem irgendwie wissenden Lächeln die Gardinen zu.

Als ich genauer hinschaute, musste ich mir ein Lachen verkneifen. Er rauchte ja nackt! Zu komisch. So etwas hatte ich nun auch nicht vermutet. Aber nachdem der erste Schreck, der erste Spaß verflogen war, musste ich doch genauer hinsehen. Auf seine Hände. Seine Brust. Seinen Bauch. Es war das Verbotene, das sage ich mir immer wieder, das mich so reizte. Ich saß da, fünf Minuten, die ganze Zigarettenlänge lang und schaute ihn an.

Ein Herbstabend, regnerisch, Wolken ziehen am dunklen Himmel, ich öffne das Fenster, um eine zu rauchen und stutze: wer spielt da nur Harfe?, frage ich mich. Bald habe ich es herausgehört. Es ist meine neue Nachbarin. Sie spielt gut. Fünfzehn Minuten stehe ich da und lausche ihrem Spiel, bis es abrupt abbricht.

An diesem einen Abend war ich viel zu müde und erschöpft und betrunken, um irgendwas anderes zu machen, als mich auszuziehen und ins Bett zu gehen. Dabei vergaß ich, die Vorhänge zu zuziehen, was macht es auch, aber als ich's bemerkte und hinüberging, zu den Vorhängen, da war mir, als ob da eine Glut verschwände am dunklen Fenster gegenüber. Eine Zigarettenglut. Wie die aussieht, wusste ich ja inzwischen ganz gut. Ob es am Alkohol lag? Am liebsten hätte ich ihn in meinem Rausch angerufen und gefragt, ob er mich gesehen habe und wie er mich fände. Ob ihm gefiel, was er da sah, er, der Spanner. Oder bin ich die Spannerin ...?

Einmal, ich bin wie jeden Abend auf meinem Spähposten, kommt er erst spät nach Haus, in Begleitung, allem Anschein nach angetrunken. Ich beobachte, wie er das Mädchen küsst, wie sie ihn küsst, schaue mir alles genau an, dann bemerkt er mich. Aber anstatt die Vorhänge zu zuziehen, wird er nur immer drängender und beginnt das Mädchen auszuziehen. Für mich. In mir ist fast so etwas wie Eifersucht, gemischt mit der Lust zuzusehen und das warme Gefühl, dass sie vielleicht weniger wichtig ist in diesem Moment, als ich, die Ferne, die nahe Unerreichbare. Als sie beide nackt sind, zieht er doch die Vorhänge vor.

Einen anderen Tag bin ich es, der sie mit einem Jungen beobachtet. Sie führt ihn mir ebenso vor, wie ich ihr meine Bekannte. Aber sie treibt es weiter, als ich, sie lässt mich bei allem zuschauen. Eine wilde Mischung aus Begehren und Eifersucht wütet in mir, als ich zusehe, wie sie es miteinander treiben. Ich genieße es und wünsche mir doch, der da drüben zu sein.

Manchmal wünsche ich mir, er würde herüberkommen, an meine Tür klopfen, irgend etwas Dummes sagen. Manchmal will ich ihn kennen lernen, will ich wissen, wer er ist, was er tut, was er denkt, wovon er träumt. Aber ich habe auch Angst davor, dass die Realität der wortlosen Illusion unserer Blicke ihren Zauber rauben würde.

Christian Stielow

Haiku

Einer Blüte gleich
Verströmst du lieblichen Duft
Öffne deinen Kelch

Dorothee Dauber

Gemischte Gefühle

Unterwegs zu dem Treffen mit dem Regisseur, bei dem ich meinen Partner in einem Kurzfilm kennen lernen soll, in dem ich die weibliche Hauptrolle bekommen habe, werde ich zunehmend nervös. Im Hals habe ich einen Kloß, meine Hände schwitzen.

Ich habe lange überlegt, ob ich das machen soll. Nicht nur, vor der Kamera Sex machen, völlig authentisch, ohne Gummi, nein, eine perfide Vergewaltigungsszene darstellen. Eben nicht brutal, sondern so, dass am Ende auch ich die Vergewaltigung genieße.

Heikel, die ganze Geschichte, reichlich schräg. Für ein Festival, experimentelle Kurzfilme, die „künstlerisch wertvoll" werden sollen. Hoffentlich wird es nicht doch ein Schmuddelporno. Politisch jedenfalls total unkorrekt. Verrat an allen möglichen Opfern, und Verrat an der Frauenbewegung. Als das wird er wohl verbucht werden, und das kann auch an mir hängen bleiben.

Aber was solls. Spießer. Ich bin nicht auf der Welt, um meinen Ruf zu schonen. Oder Klischees zu bedienen. Es gibt schließlich alle möglichen Phänomene unter der Sonne, warum nicht auch so was. Und schließlich mag ich Sex, und außerdem habe ich Schulden, das hier wird gut bezahlt. Und meine Karriere sollte ich jetzt auch so langsam mal in Gang bringen. Wenn ich damit warte bis nach der Schauspielschule, ist es zu spät. So eine Rolle bringt mich wenigstens ins Gespräch, negative Propaganda ist auch Propaganda.

Außerdem reizt mich die Rolle. *Das* glaubwürdig darzustellen, das ist schon höhere Kunst. Eine Gratwanderung.

Erfreut begrüßt mich der Regisseur. Als ich frage, wer denn jetzt mit mir zusammen die entscheidenden Szenen spielen wird, sagt er, Ole Bernini. Mich durchzuckt der Schreck.

Ich kenne ihn gar nicht persönlich, aber gehört habe ich natürlich von ihm, wer nicht. Total zynisch soll er sein, berühmt vor allem für seine Exzesse. Alle möglichen Drogen soll er konsumiert haben, und gesoffen wie ein Loch, doch da war irgendwas mit der Leber. Bleiben die Frauen. Er hat den Ruf, voll der routinierte Verführer zu sein. Ein guter Schauspieler ist er ja.

Hält sich vermutlich für unwiderstehlich. Erklärter Hedonist. Bestimmt sexsüchtig. Meine Freundin Rebecca sagt, ein Arschloch. Reißt Frauen auf ohne Ende, um sie dann fallen zu lassen. Und die muß es wissen. Er hat ihr letztes Jahr während einer kurzen Affäre den Schlüssel zu ihrem Loft abgeschmeichelt, als sie auf Tournee ging, und als sie wiederkam, hat er gerade … Also sowas ätzendes. Allerdings kam Rebecca eine Woche früher zurück, wollte ihn überraschen. Sollte frau vielleicht besser nicht machen. Muss ich mir merken – aber dort kommt er, das muss er sein. Ich schlucke mit Mühe.

Schon von weitem sehe ich, es stimmt, was über ihn gesagt wird, der kühne Blick, die aufrechte, respektgebietende Haltung, die kraftvollen, dynamischen Bewegungen. Der Eroberer. Anziehend, obwohl er schon so alt ist, bestimmt über fünfzig. Das Gesicht zerfurcht, buschige Augenbrauen, riesige Nase, auch der Mund zu groß. Aber leidenschaftlich sieht er schon aus.

Vielleicht hat es damit zu tun, dass ich weiß, was auf uns zukommt, jedenfalls, kaum sieht er mir in die Augen und berührt meine Hand, zucke ich zusammen. Da lächelt er mich spontan an, und die Sonne bricht hervor. Jetzt verstehe ich Rebecca.

Endlich ist es soweit. Die Beleuchtung ist eingestellt, wir wissen, an welcher Stelle im Wald ich straucheln werde, wo er mich einholen und über mich herfallen wird. Zwei Kameramänner sind dort schon positioniert, um die Szene von oben und von der Seite zu filmen. Und zwar nur einmal. Proben kann man so etwas nicht.

Klappe: Ich reiße mich los, renne erst den Waldweg hoch, verlasse dann den Weg und stolpere den steilen Hang hinauf. Die hochhackigen Sandalen behindern mich ein wenig, doch ich bewege mich schnell, ich habe Kondition. Jetzt verfolgt er mich, und er ist schneller. Kommt immer näher, ich breche schon fast in Panik aus. Dort liegt der Ast, über den ich stolpern soll. Ich falle hin. Da ist er auch schon über mir, dreht mich um und wirft mich auf den Rücken. Direkt auf den Waldboden, zwischen Schlüsselblumen, weiße Anemonen und hohe Buchen mit dunkelgrauen Stämmen und hellgrün leuchtenden Blättern. Die Lampen blenden mich, doch darüber, hoch oben, ein seidig blauer Himmel, die Sonne scheint durch das Blätterdach.

Ich will schreien, doch er hält mir den Mund zu, stopft mir dann ein riesiges, zusammengeknülltes Stofftaschentuch zwischen die Zähne. Ich würge. Er dagegen wirkt seltsam unbeteiligt, und doch ganz konzentriert auf das, was er tut. Jetzt drückt er mir die Schenkel auseinander. Ich wehre mich, doch er kniet sich einfach über mich, die Knie rechts und links von meinen Hüften aufgestützt, die Füße zwischen meinen Schenkeln, ziemlich weit oben. Mit den Schienbeinen drückt er meine Schenkel in den weichen Waldboden. Ich winde mich. Er packt mit der Rechten meine beiden Hände und hält sie in einem eisernen Griff fest. Nicht einmal den Kopf kann ich bewegen. Er ist zehnmal so stark wie ich. Da trifft mich sein Atem ins Gesicht, meine Nüstern blähen sich, ich ziehe überrascht die Luft ein. Er riecht gut. Doch meine Rolle schreibt nicht vor, dass ich seinem Geruch nachschnuppere, sondern dass ich den Kopf zur Seite drehe und ein angstvolles, gequältes Gesicht mache. Und Angst habe ich wirklich. Der Schweiß bricht mir aus.

Er schiebt mir den Rock hoch, mit heißer, trockener Pranke. Zerrt meinen Slip herunter. Setzt sich dann in die Hocke, auf meine Scham, und fährt mir mit einer schnellen Bewegung unter den Pulli. Schiebt den BH über die Brüste hoch und kratzt mit den Fingernägeln über meine Brustwarzen. Jetzt fährt er mit der flachen Hand darüber, sie sind schon hart. Als Ole Bernini mir Pulli und BH bis zum Hals hochschiebt, lese ich in seinen Augen, dass ihm meine Brüste sehr gefallen. Ich geniere mich, während meine Clit plötzlich heftig pocht.

Die Kameramänner sind die ganze Zeit neben uns. Doch Oles Lust ist nicht gespielt, er ist total bei der Sache. Ich weiß, ich muss mich distanzieren. Ist doch nur ein Film, versuche ich mir einzureden. Jetzt macht er sich an seiner Hose zu schaffen. Öffnet sie, holt seinen Schwanz heraus, beugt sich vor und schlägt mir damit wie mit einer Rute auf die Brüste. Kommt dann ganz langsam mit dem Kopf herunter, die Augen unbeirrbar auf meine Brustwarzen gerichtet. Plötzlich beißt er zu. Mich überläuft es kalt. Das alles gehört zu seiner Rolle, und doch tut er es mit solcher Hingabe, wie ich sie noch nie erlebt habe. Jetzt schiebt er seinen Schwanz in meine Muschi, völlig mühelos. Sehr groß und hart. Das liegt nicht an der Rolle. Es ist die Situation, besser gesagt, ich bin es, die ihn erregt. Ich spüre wieder, wie stolz mich das macht. Das ärgert mich, ich schäme mich dafür, und ich ärgere mich noch mehr darüber, dass ich mich schäme. Doch als er jetzt beginnt, sich rhythmisch zu bewegen, spüre ich nur noch meine Erregung. Raus und rein, immer wieder, langsam und stetig. Wie ein Pendel.

Bald kann ich das blendende Licht der Lampen nicht mehr ertragen. Ich spüre Schweißperlen auf der Stirn, auf der Oberlippe, mein Mund ist total pelzig, das Taschentuch klebt am Gaumen und an der Zunge. Die Szene geht mir an die Nieren. Eigentlich müsste ich jetzt nur mich selber spielen, dieses Hin- und Hergerissensein zwischen Ablehnung, Entrüstung, Scham und Lust, aber ich kann nicht. Ich versuche um jeden Preis, meine Erregung zu verbergen. Diesen Triumph gönne ich ihm nicht. Laut Drehbuch soll ich ab jetzt keinen Widerstand mehr leisten. Kann ich sowieso nicht mehr, denn mein ganzer Körper bebt ihm entgegen. Gretchen fällt mir ein: Mein Busen drängt sich zu ihm hin, ach könnt ich fassen und halten ihn. In *der* Rolle werde ich in Zukunft überzeugender rüberkommen.

Vor Erregung werde ich konfus, fast panisch. Und natürlich merkt er das. Fährt mir genüsslich mit der Hand zwischen die Beine, reibt seinen Handrücken seitlich an meinen Schamlippen. Ein Stöhnen entfährt mir, ich beiße fest auf das Tuch. Bäume mich auf, nur um wieder zu Boden geworfen zu werden. Nicht einmal die Arme kann ich losmachen. Ich fühle mich extrem gedemütigt, aber mein Körper reagiert heftig. Auch hier Verrat, mein Körper verrät mich. An den Feind. Von wegen, man muss verliebt sein. Ammenmärchen sind das, die nur uns Frauen disziplinieren sollen.

Gleich soll ich einen Orgasmus spielen. Ich will aber

nicht. Ich bin sicher, es geht ihm jetzt um Unterwerfung. Er will, dass ich komme, wirklich komme. Vermutlich zur Selbstbestätigung. Aber diese Genugtuung will ich ihm auf keinen Fall geben, schon aus Solidarität mit Rebecca nicht. Ich wehre mich mit aller Kraft gegen den Orgasmus, der sich immer wieder nähert. Einmal kann ich ihn erst in letzter Minute abwenden, und auch das nur, indem ich mir meine ehemalige Biolehrerin vorstelle.

Wieder kratzt er meine Brüste, packt sie, beißt mich, während er sich stetig auf und ab bewegt, bis ich ihn bis in die Haarwurzeln spüren kann. Ich schaue in die Baumkronen hinauf, lausche auf das Vogelgezwitscher. Versuche, mich darauf zu konzentrieren. Bloß keinen Orgasmus. Ich denke daran, wie ich manchmal kommen will und nicht kann, doch jetzt, wo ich es absolut nicht will, kann ich es kaum noch unterdrücken. Ich presse seinen Penis nach draußen, mit der ganzen Muskulatur meiner Muschi. Ein Riesenfehler. Ich spüre den Schauer, der mir gleich den Rücken hochsteigt, gleich zergehe ich. Kosmos, nimm mich auf.

Da knallt der Schuss, und der Mann über mir bricht zusammen. Er fällt auf mich herunter wie ein nasser Sack. Endlich ist dieser aufwühlende, demütigende Sex vorbei. Doch gleichzeitig steigt eine so wahnsinnige Enttäuschung in mir hoch, dass mir die Tränen in die Augen treten.

Kurz ehe Ole von mir heruntergezogen wird, höre ich ihn flüstern, ganz dicht an meinem Ohr: „Das müssen wir leider nochmal drehen. Da fehlen ein paar Szenen. Heute Abend, halb zwölf, König von Schweden, Zimmer 46."

Was soll ich bloß so lange machen?

Achim Amme

Sommerwind

Die Liebe ist ein lauer Sommerwind,
der meine Schenkel streichelt, sanft berührt,
sich zärtlich an mich schmiegt, ein kleines Kind,
das meine Nähe sucht, von innen spürt.

Und alles, was geschieht, geschieht dezent.
Nichts wird verlangt, nichts, was Verlangen weckt –
ein Säuseln allenfalls, doch niemand kennt
die Worte, die vielleicht darin versteckt.

Geheimnisvolles Flüstern, dennoch keine
verborgnen Forderungen – nichts wiegt schwer.
Mit Leichtigkeit streift etwas um die Beine,
als wenn's von ferne eine Botschaft wär

in einer Sprache, die kein Kopf versteht,
die reich ist und direkt zu Herzen geht.

Tu es

Nackt lagst du vor mir. Ich wusste, was du jetzt wieder von mir verlangen würdest und es schauderte mich. Gebieterisch strecktest du mir die Handschellen entgegen.

„Fessele mich!"

„Ich mag das nicht"

„Ich weiß! Aber ich! Tu es!"

Ich spürte das kalte Metall, es fröstelte mich … aber ich tat es.

„Und jetzt, fang endlich an!"

Langsam hob ich meine Hand, ließ sie wieder sinken.

„Du willst es wirklich? Du hattest mir versprochen –"

Deine Augen blickten spöttisch zu meinen zitternden Händen.

„Tu es!"

„Ich mag das aber nicht"

„Ich weiß! Aber ich! Tu es endlich!"

Ich schloss meine Augen. Wollte nicht sehen, wie sich dein Unterleib, nein, dein ganzer Körper wieder mal vor Lust aufbäumen würde. Jede Faser deines Körpers ein einziger Hohn. Ich! Schreit er. Nur ich! Es geht immer nur um mich!

Ein lang gezogenes, begieriges Stöhnen von dir. Noch zögerte ich. Ein wütendes Schnauben, ein Fuß, der mich heftig trat. Zitternd nahm ich die lange, schwarze Feder … und ich tat es. Strich damit langsam über deine Brust, deinen Bauch, deine Lenden.

Ein Keuchen aus deinem Mund.

„Mach die Musik lauter!"

„Ich mag das aber nicht"

„Ich weiß! Aber ich! Verdammt, tu es!"

Und ich tat es! Das schrille Kreischen der Gitarren, die wummernden Bässe. Mir wurde schwarz vor Augen, schon wollte ich fliehen ... aber ich hielt durch.

Immer den letzten Satz von dir in den Ohren:

„Und wehe, du hörst eher auf, als ich es dir erlaube! Das ... ist ... der ... Wahnsinn!"

Wann hast du bemerkt, dass ich deine Schreie nicht hören konnte? Dass ich meine Augen geschlossen hatte? Dass du gefesselt warst, es kein Entrinnen vor der Feder gab?

Du bist jetzt in einer Klinik, in einer guten Klinik. Und wenn mir der Doktor am Telefon erzählt, dass es dir besser geht, besuche ich dich.

Freudig lächelnd kommst du mir dann entgegen. Doch jedes Mal, wenn ich meinen Mantel ausziehe und in meinem schwarzen Federnkleid vor dir stehe, weichst du mit weitaufgerissenen Augen, keuchend zurück. Wimmernd windest du dich auf dem Boden, krallst dich dort fest und winselst: „Weg! Nein! Nicht! Ich mag das nicht!"

Ich beuge mich dann zu dir und streichele dich sanft mit meinem Kleid.

„Ich weiß! Aber ich! Deshalb tu ich's!"

Arnold Zeies

Annette

Annette meint, dass sie fette
voluminöse Beine hätte
dabei sind ihre Schenkel
gut gerundet, sagt auch mein Enkel

Annette denkt, ihr Busen sei zu klein
doch er ist wohlgeformt und fein
und von griffiger Dichte
finden auch mein Nachbar und seine Nichte

Annette hat Angst, sie könne keinem gefallen
dabei wird sie geliebt von allen
Einwohnern unserer kleinen Stadt
und keiner, der mit ihr geschlafen hat
hätte sich je beklagt
hat der Pastor gesagt

Maria M. Koch

Wasserspiele

Susanne lässt den Bademantel auf die Liege fallen. Sie spürt die warme, feuchte Luft auf ihrem nackten Körper. Papageiengekreische vermischt sich mit dem schweren Duft von Patchouli. Aus der hohen Glaskuppel flimmern bunte Farbreflexe auf die weiß schäumenden Kaskaden der Springbrunnen. Obwohl der dichte Dampf über dem Whirlpool die Konturen der Besucher verwischt, erkennt Susanne, dass das Becken voll besetzt ist. Doch ihrem zögernden Schritt öffnet sich eine Lücke auf der gekachelten Sitzbank, wohin sie sich sanft gleiten lässt. Bis zu den Schultern schlüpft sie in die Wärme wie zuhause unter ihre Bettdecke. Das Wasser übertönt sprudelnd und gurgelnd die träge dahin plätschernden Gespräche. Susanne fallen die Augen zu, die Gedanken leeren sich und verharren bei den lebhaften Wellen, die unermüdlich aus dem Becken aufsteigend ihren Körper streicheln. Sie fühlt sich als Pore, als Wasser ohne Abgrenzung zum Wasser im Pool. Die Erinnerung an das Leben am Anfang. Das Ja zum Sein.

Ein warmer Schwall schwappt Susanne ins Gesicht. Im Pool eine Bewegung, jemand geht, ein anderer kommt. Beruhigung. Sich fallen lassen. Ein zartes Klopfen am rechten Schenkel. Zufall? Täuschung? Irritation. Susannes Entspannung lässt nach. Ein Anflug von Ärger über die Störung. Aufmerksam bleiben. Die Sehnsucht, sich neu den gurgelnden Tönen hinzugeben. Dem beruhigenden Plätschern der Wellen. Wieder ein Stupsen wie von einer Hundeschnauze.

Hallo, nicht erschrecken. Lass dich begrüßen. Die Schönheit des Moments feiern. Das Leben. Unsere Leiber. Du und ich. Jenseits von Wissen und Kennen.

Susannes Geist rast und sucht Antworten. Doch der Zauber des Moments gewinnt. Ihre Hand sucht zögernd den, der sich stolz ihr entgegen reckt. Geheimnis mit einem Fremden. Susanne öffnet einen Schlitz breit die Augen und lässt sie kurz über die Runde schweifen.

Niemand reagiert. Der Dampf. Das Wasser. Zurück zur intimen Anonymität, zur anonymen Intimität. Spüren. Vertrauen. Beruhigen. Adam und Eva. Vor dem Erkennen. Vor jeglicher Sprache. Innigkeit. Arglosigkeit. Das Spiel vor dem Spiel. Ohne Vergangenheit. Ohne Zukunft. Nur der Moment. Auf den Blick verzichtend. Nichts wird bleiben außer der Erinnerung, Susannes Hand und die unschuldig runzelige Haut, die sich glättet und füllt, pulsierend von Blut und Leben. Stilles Staunen über die fremde Lust. Prall wie Samenkapseln reifer Früchte vor dem Aufbrechen und sich Verströmen.

In Susanne steigt ein Glucksen auf, dann ein Erstaunen. Denn auch links klopft etwas sanft an ihre runde Hüfte. Da ist noch einer. Der hat das Spiel bemerkt. Susanne fühlt sich in der Falle. Doch der Moment der Ratlosigkeit schwindet. Sie lässt ihn mitspielen. Als Susannes freie Hand das zweite Geschlecht umfasst, schwappt ein Bild in ihr Bewusstsein. Sie greift danach. Sie begreift es. Eine archaische Erfahrung. Als Göttin, als große Mutter aus Anatolien auf dem Thron mit den beiden gezähmten Leoparden zu ihren Seiten. Susannes Atem entströmt der Tiefe ihres gewölbten Bauchs. Ihre Brüste füllen sich prall, und die Warzen recken sich im Spiel mit den Strudeln. Spiralig strömt Susanne die Lust durch den Leib. Das Feuer in ihren Händen wächst und gleitet zuckend. Das unablässige Blubbern des Wassers schluckt das genussvolle Stöhnen, in dem Susanne badet.

Sie ist satt. Ein inniges Drücken nach rechts, ein zärtliches Streicheln nach links, und sie trennt sich von ihren Begleitern. Als unbekannte Besucherin verlässt sie aufrecht und stolz das Becken. Eine Göttin wendet nicht ihr Haupt.

Boris Preckwitz

tithonos an eos

wie sie sprießt wie sie riecht wie sie
fließt wie sie riecht wie sweety spitz
sie sprießt wie sie safransüß riecht wie
sie rieselt wie die frühlingsfrau fließt
wie pinkfingrig sie die fingerbeerige
genießt im frühlicht ihr vlies bespielt
sie fingerspitzpinkes shebeast die eos
erigeneia wie liebst ihre safranwiese
riecht ihre frühlingssüße liebesverfilzt
wie sie sich vergießt wie sie licht ist ...

eos: *die göttin der morgenröte verliebte sich in den sterbli-
chen tithonos. für ihn erbat sie sich von zeus ewiges leben,
vergaß aber, ihm auch ewige jugend zu wünschen. so wurde
tithonos im alter ein bündel aus haut und knochen. zur
erlösung verwandelte eos ihn in eine zikade, damit er sie
morgens mit seinem zirpen erfreuen könne.*

Ursula Sternberg

Abschied

Nur wollt ich lieber Deine Hure sein als Mutter Deiner Kinder. Nicht käuflich, nein, nur einfach die Gespielin unser beider Lust. Schon immer wollt ich das. Ich wusste nur nicht, wie es auszuleben.

Das heißt, gewusst hab ich es schon. Doch hab ich meine Zeit bei Dir verbracht mit Warten. Mit Warten auf den Sturm, den Drang, der doch nur selten kam. Mit Sucht nach Nähe, kaum mir je genug, und Hoffen, dass beim nächsten Mal der wilde Funke uns entzündet, den ich suche.

Du hast Dich nie an mir besoffen, den Tanz nicht ausgelebt. Kein Vorwurf, nein. Ich hab Dir diesen Tanz auch kaum eröffnet, erstickte ihn in ungelenker Sprache. Und was heraus kam, baute sich als Hürde vor Dir auf, als Zwangsjacke, die Lust und Geilheit zügelnd.

Auch heute noch bist Du verletzt, selbst wenn ich nun schon lange fort bin. Verraten hab ich Dich und unsere Liebe, geopfert einer schnöden Gier, so siehst Du das. Von mir aus nenn es so, ich kann's nicht ändern.

Denn es ist wahr! Ich will die Lust. Will geil sein, zwei Mal, drei Mal, und ein weiteres Mal mit meiner eignen Hand mich streicheln, bis ich dann wieder berste, Geschöpf der Sinnlichkeit, zu dem ich werden kann.

So war es nicht bei uns. Doch lernen kann man's nur, wenn man es nicht verachtet. Dich hat mein Wunsch nach Öfter, Anders, Mehr, so schien es, eher abgestoßen. Das passte nicht zusammen, nicht in diesem Punkt.

Es gab so viele andre schöne Dinge, höre ich Dich

sagen. Stimmt. Und vieles andre passte gut. Doch das hier nicht. Da schienen die Bedürfnisse zu unterschiedlicher Natur. Nur – davon wolltest Du nichts wissen.

Drum nimm's zur Kenntnis, höre es Dir an, wie ich es will, damit Du endlich richtig Abschied nehmen kannst von mir. Es ist nicht Deins. Nicht besser, aber auch nicht schlechter. Nur nicht Deins. Ich will bereits am Morgen dieses Prickeln in mir spüren, wohl wissend, dass auch Dir der Kamm schon in der Hose schwillt vor Freude, weil am Abend wir uns wieder sehen werden.

Ich will an Küssen mich ergötzen, bis mir der ganze Mund vor Wollust schwillt und das Begehren wuchtig in den Unterleib gefahren ist.

Will einfach nur Dir meinen Duft darbieten, auf dass Du Dich daran besaufen kannst. Dein Stöhnen will ich hören, wenn Du Dein Gesicht in meine Nässe gräbst, und wenn ich langsam dann den Linien Deines Körpers folge, will ich ganz prall und hart den Stab und Deine Geilheit fühlen.

Ich will die Knospe zwischen Deinen Lippen, umkreist von Deiner Zunge, leckend, saugend, bis ich explodiere, ganz so oft ich eben mag.

Dann wieder will ich tiefe andre Küsse, will Zungen trinken, flauschig warm, die weiche Wangenhaut an Deinen Stoppeln reiben, den vollen Duft nach meiner Lust aus ihnen atmen, ich will Dich trinken, bis ich ganz von Sinnen bin, im Rausch.

Ich will Dir kleine Schweinereien flüstern, die Dich ganz scharf und gierig machen, und folgen dem Gewisper mit der Zungenspitze in die Muschel, bis Du den schaurig schönen Kitzel dort nicht mehr erträgst.

Ich will die Spannung knistern spüren, wenn ich die Haut ganz federzart berühre, sie langsam wie in Trance

48

Dir streicheln ganz so lang, bis Deine Seele schnurrt. Den Schwanz Dir schließlich irgendwann umkreisen ohne ihn zu greifen, und dann sein Pulsen fühlen, wenn er sich langsam mir entgegen reckt und ganz von selbst in meine Hand begibt.

Ich will den heißen, hemmungslosen Tanz, wo Gier die Unbequemlichkeit vergessen lässt, auf Fußböden, in Kleidern halb, gelehnt an Wände, in der offenen Tür, durch die ein lauer Abendwind uns streichelt.

Ich will mein geiles Pulsen in mir spüren, die Rute prall und voll in meinem Mund, und feuchte Spiele mit ihr spielen, saugen, bis Du Dich ergießt.

Ich will die schwülen Körperdünste der Lust aus jeder Deiner Poren riechen, sie atmen, mich daran ergötzen, bis alle meine Sinne angefüllt sind ganz mit Deinem Duft.

Ich will Dir Zehen, Sohlen, Finger, Brüste, dicke, harte Nippel geben zum flaumeln, muscheln, zutzeln, sumpeln, die zarten Häute in den Knien, den Ellenbogen und dem Nacken auch, bis meine ganze Haut zu sinnlich knisternd weicher Seide mir erwacht. Dann zünd mich wieder an!

Wenn wir dann ganz erschöpft nach einem Gang der Lust dicht beieinander liegen, dann will ich diese feinen Drähte intensiver Nähe zwischen uns vibrieren spüren, die erklär'n, warum das Spiel, dem wir uns gerade völlig ohne Scham hier hingegeben haben, manchmal auch *Liebe machen* heißen kann. Und Dein Gesicht, ganz weich und offen, noch überflutet von Gefühl, das will ich tief in meine Seele dringen lassen, es in mir tragen, wohnen lassen als intensives, wunderschönes Glücksgefühl.

Den ausgedehnten Endtanz will ich, den finalen kleinen Tod der Lust, und Dich ganz tief in mir, wie immer auch nur Du mich nehmen magst. Mit meinen Muskeln kräftig Dich umspannend will ich die Stöße mächtig, wild, so ungestüm es eben geht, bis ich die Kontraktionen nicht mehr steuern kann im heftigen Finale.

Und wenn ich dann den langen Seufzer Deiner Wollust hör und spüre, wie Dir auch noch das letzte bisschen Saft nun aus den Lenden zuckt, entlad ich mich in meiner eignen letzten intensiven Welle.

Ja, all das will ich, maßlos, ja, und ganz so oft es eben geht, und noch viel andres mehr. Soll ich mich etwa dafür schämen? Ich tu' es nicht. Ich seh' es gar nicht ein. Warum denn auch?

Begreife doch, das Beste, was ich je zu geben habe, sind diese schmackhaft wilden Früchte, gewachsen aus den Blüten einer Sinnlichkeit, die lange im Verborgnen lag. Sie sind nun ausgereift, und ständig reifen neue Früchte nach.

Kleinmädchenträume, höre ich Dich zornig sagen, ganz rosigrote Phantasien einer Traumfabrik. Doch glaub mir, einen solchen Traum hab' ich als Mädchen nicht gehabt. Da träumte ich von Prinzen, die mich holen kämen, wenn ich nur hübsch brav warten würde.

Ich bin kein kleines Mädchen mehr. Und Traumfabriken sind mir schnurzegal, ob sie sich nun in weißen Spitzen offerieren oder als schwarzgelackte, geile Kurvenstars. Ich will ganz einfach nur mit sattem Körper durch mein Leben gehen, mich nicht mehr dafür schämen, dass ich Hunger habe oder auch nur Appetit. Ich will, verstehe doch, ich will!

Johannes Chwalek

Des Mondes abgekehrte Seite

In einer Lebensbeschreibung
des Wilhelm von Humboldt
las ich, wie der junge Herr
auf einer Reise nach Frankreich
seine Ausgaben pedantisch
in ein Heftchen schrieb:

„... 6. August in Paris
einer Hure halbe Krone;
10. August ebenda
‚Fleischeslust‘ 1 Karolin;
14. August ebenda ‚Sinnen-
lust‘ 2 Kronen, 24 Sous ...“

Auch nach dieser Reise
und Eheschließung
sprach der Staatsmann,
Gelehrte und Klassikerfreund
von seiner „des Mondes
abgekehrter Seite“.

Ich suchte sie
an seinem Denkmal
in Berlin
vergebens.

Sigrid Ruth Stephenson

Buchstäblich Liebe

Anton Tittlotz, der Schriftsteller, liebte Buchstaben auf
seine Weise. Mit Vier konnte er lesen, mit Sieben begann
er, Hauptwörter mit geometrischen Formen zu verglei-
chen. Dampfende Rinderrouladen wurden zu Zylindern,
Möhren zu Spitzkegeln. Anton sei hochintelligent, befand
seine Mutter stolz. Ihre Witwenrente besserte sie durch
Porzellanmalerei auf. Für ihren Anton. Etwas später be-
gann er, Farben zuzuordnen. Den Farbton Orange beur-
teilte er als sehr passend zur Form einer Möhre. Bei den
Chakren, jenen subtilen Energiezentren des Körpers, so
las er, symbolisiere Orange die Sexualität.

Antons Welt nahm Gestalt an. Bald legte er für jeden
Buchstaben des Alphabets ein Codewort fest. Astronaut
für A, Biberbetttuch für B. Mit C verband er das Cello
seiner Mutter. Beim K dachte er an Koitus, bei L an Lust.
Von Letzteren hatte er in einem Werk gelesen, das seine
Mutter hinter den Heimatromanen verwahrt hielt, und
darin ein weites Feld seiner Weiterbildung entdeckt. Auch
von Inzest las er dort, wenngleich irritiert. Aber das I war
ohnehin besetzt. I wie Iris.

Sie hatte ihn die Lust gelehrt. Es zumindest versucht.
Da war er fünfzehn und sie zweiunddreißig. Er sah noch
immer ihre Sommersprossen vor sich, überall, und die
vielen möhrenroten Löckchen. Sie besaß den Schreibwa-
renladen gleich neben seiner Schule. Zwei Lehrer hatte er
entrüstet reden hören: „Die Rothaarige nebenan soll ja
von jungen Männern gar nicht genug bekommen, Herr
Kollege."

Der Herr Kollege war zu alt und von Gerede hielt Anton nichts. Er schwänzte die Mathe-Stunde, um Iris frei heraus zu befragen. Sie lachte und lud ihn zur Mittagsstunde ins Hinterzimmer ein. Anton war pünktlich und diesen Besuch vergaß er nie. Sie nahm sich sehr viel Zeit. Behutsam weihte sie ihn in L wie Lust ein. Für L^2, wie Liebe, die, wie Iris fand, eigentlich dazu gehören sollte, fühlte Anton sich noch zu jung. Deshalb verabschiedete er sich, bevor ES passieren konnte. Die wahre Liebe fand er nie und selbst die Lust blieb in den Schülerschuhen stecken.

Fortan liebte er nur noch seine Mutter. In aller Unschuld lebten sie zu zweit; Ärgernisse gab es kaum – bis auf die Sache mit dem F. Als Codewort dieses Buchstabens hatte Anton Ficken erwählt. Es laut auszusprechen, verbot seine Mutter ihm strikt. Selbst das schöne Buch hinter den Heimatromanen war plötzlich verschwunden. Anton fügte sich knurrend.

Die Schulzeit verging. Sein Deutschlehrer empfahl ihm den Beruf des Schriftstellers. Das nahm Anton äußerst ernst. Von nun an schrieb er – brotlos. Seine Mutter zog mit ihm in eine billigere Wohnung. Vom Schreibtisch aus sah er auf die rückwärtige Front einer Dosenfabrik. Mit der unermesslichen Fülle der Buchstaben jedoch kam ganz allmählich der Erfolg. Anton textete mit Gruselromanen gegen seine eigenen Ängste an. Nur eine überwand er nicht, die Angst vor T wie Tod. Ob es daran lag, dass ihm in drei Jahren gleich sechs Goldhamster unter den Händen weg gestorben waren? Die Dressur der Tierchen hatte ihn einige Mühe gekostet. Doch diese Gänsehaut, wenn die pelzigen Nager über seinen nackten Körper flitzten. Wollten sie fliehen, führte er sie zurück. Manchmal zwickten sie ihn sogar ein wenig. Und von alledem wusste seine Mutter nichts.

Das T war hartnäckig. Anton begann, es zu hassen. Wie hart es klang in Teufelsbraten, Tattergreis, Titten. Und erst sein eigener Name ...!

An einem Freitag im November verblich, 89-jährig, seine Mutter. Anton war nun allein zu Haus. Er betrauerte sie ehrlich und befand zugleich, dass es höchste Zeit für eine Veränderung sei. T wie Tod sollte ihm nicht länger im Wege stehen. Er erfand L³ für Leben. S für Suppe ersetzte er durch S für Sex. Dass Iris ihn damals eingeweiht hatte in L wie Lust, hatte er seiner Mutter nie erzählt. Wozu unnötig Sorge bereiten. ES war ja noch immer nicht passiert. Aber jetzt! Er dachte kurz an seine zu dicken Finger, das Bäuchlein, sein immer lichter werdendes Haar. Immerhin funkelten seine blauen Augen attraktiv hinter der Gelehrtenbrille. Kornblumenaugen, hatte Mama immer gesagt. Seine gute Mama!

Kaum hatte Anton kurz darauf am Morgen seines 49. Geburtstags, das biberbettwäschebezogene Bett verlassen, sprach er laut und mehrfach jenes wunderbare Wort mit F aus. Dann legte er das Jackett ab, nahm an seinem Schreibtisch Platz, griff zu Bleistift und Papier und schrieb frohgemut los. Jedes T ersetzte er durch ein F. Ein Kribbeln in den Lenden entzückte ihn. „Ab soforf ficken die Uhren anders!" schrieb er. „Fafkräffig werde ich fremde Frauen fragen, ob sie das Beff mif mir feilen wollen." Er las laut, was er notiert hatte. Seine Zunge schien sich mit seinen Lippen zu verknoten. Nein, so ging das nicht! – Er schenkte sich nach. Ich werde den Transfer auf Nomen und Anfangsbuchstaben beschränken, nahm er sich vor, je Wort, je Silbe. Er radierte, schrieb neu. „Ich bin bereit, zu tun, was Frauen freut. Nackt werde ich, auf Mamas Feppich liegen und ihre Faillen umschlingen, während sie lustig auf mir reiten. Ich werde ihre vollen Brüste küssen und ihre kleine Muschikatzen fäfscheln ..." Er lachte und strich das letzte Wort mit leichtem Bedauern durch. Tätscheln, schrieb er. „Föne wilder Lust werde ich ihnen beim Fèfe-à-fèfe in ihre süßen Ohren säuseln. Feurig wird meine Zunge sie überall da kitzeln, wo sie es ersehnen – ohne viel Famfam." Wie befreit er sich bereits fühlte, wie tief er atmete. Er war auf dem richtigen Weg. „Zum Zeichen aber", notierte er, „dass alle Uhren nun anders ficken ..." Er schüttelte lachend den Kopf und spürte beglückt, wie seine aschblonden, kinnlangen Locken, die seine Glatze so dekorativ umrahmten, nur so flogen. „... Uhren anders ticken", schrieb er, „halte ich die Zeiger im ganzen Hause an und beschäftige künftig einen hübschen jungen Frompefer, der mir zur vollen Stunde die Zeit blasen soll." Leider fiel ihm ausgerechnet, als er den nackten Trompeter deutlich blasend vor sich sah, wieder der Tod ein. Er beschloss, ihn in seinem Text zu erwähnen, um ihn milde zu stimmen. „Bei alledem werde ich den Fod nicht vergessen. Meine Zeit werde ich nutzen." Der Stift flog nun nur so über das Papier. „Eine Nummer pro Fag! Mamas Schlafzimmer mache ich zum Liebesnest – mit roten Kerzen, King-Size-Bett, Peitschen und Masken." Er seufzte tief wendete das Blatt. Viel zu lange war er der treue Sohn einer verklemmten Mutter gewesen, die partout nicht hatte wahrhaben wollen, dass sie nun einmal einen Lustmolch geboren hatte. Mein Goff! Er, Anton Fittlotz, ein Lustmolch? Wundervoll. Ihm fiel auf, dass er bereits F statt T *dachte*. Nun ließ er seinen Gedanken völlig freien Lauf: Sollte ich tiefrote Farbe für die Wände nehmen, Fiefblau oder lieber Violeff? Eh, Violett? Er schrieb weiter: „Lauter Liebesworte, werde ich flüstern, bis sie sich mir heißblütig ..." – er musste an Iris denken. Der Platz in seiner grauen Anzughose war plötzlich beengt wie sehr lange nicht mehr. Wo war ich?! Ach ja: „... heißblütig ... entgegen werfen." Seine Kehle fühlte sich staubtrocken an. Er schenkte sich nach, spürte seine Wangen glühen. Die Buchstaben tanzten vor seinen Augen. „Wie ich fakfieren – Strich!, taktieren muss, damit alles klappt, bedarf der Planung. Nafürlich, Strich!, -türlich werde ich frei in meiner Wortwahl sein. Willst du mit mir ficken, Kleine? Was für ein Satz! Er wird mir Glück bringen. Liebeslust – so oft ich will!"

Er betrachtete den Hirsch in Öl über dem Samtsofa, die Kredenz mit den angeschlagenen Sammeltassen und die blau-baumwollenen Übergardinen. Er würde neue kaufen – in Orange, in Satin. Die Flasche war inzwischen fast leer. Ganz romantisch, dachte er, im Fakfe eines Fambourins, werde ich sie ansprechen. Heißblütige Fussi, du, werde ich sagen. Wie ein Figer und ohne Fabu will ich ungeahnte Dinge mit dir tun und dir Fränen der Lust in die Augen treiben. Willst du? Und zögerten sie noch, würde er deutlicher werden. Er notierte das. „Ich schwöre, ich werde meinen Zauberstab in deinen Kronjuwelen tanzen lassen, dass du nur noch faumelnd und fobend ..." Falsch! Egal. „... taumelnd und tobend. ,Fiefer! Fiefer!' stammeln wirst. Komm mif, eh, mit, werde ich sagen. Denn ich bin Anton Fifflofz, der Schriffsfeller. Ausgeruht – allzeit bereit. Von nun an bis ...", er wischte eine Träne aus dem Augenwinkel, „bis dass ... ja, bis dass Gevaffer Fod mich doch noch holt!" Schweiß rann über seinen Nacken. Der Galopp seines Herzens ängstigte ihn. Sein Atem, zu schnell. Doch gerade jetzt wollte er leben. Das Telefon schrillte. Schwankend erhob er sich.

„Anfon Fifflofz! Hallo?" Er lauschte angestrengt. „Wer ist da? Iris? – Die von früher, aus dem Schreibwarenladen?" Er erbebte, weil das Schweißrinnsaal soeben den

Ritz zwischen seinen Pobacken erreicht hatte. „Woher hast du meine Nummer?" Ach, Iris! „Meine Mutter, ja, es ist schrecklich. – Danke für dein Mitgefühl." Er konzentrierte sich mühsam. „Nein, die Beerdigung war schon. – Mich trotzdem besuchen? Sofort?" Schweiß kitzelte seinen Bauch. „Nun, also … In Ordnung. Wie schön! Ich freue mich. – Bis gleich."

Er eilte. Duschte kurz und kalt, zog den Bademantel seiner Mutter über, spürte vertraut den Geruch des Alterns. Er taumelte nach unten, um eine zweite Flasche Wein zu holen. Im Keller fiel sein Blick auf Vaters Rechenmaschine. Mama hatte sie aufgehoben. Sie sei vollkommen intakt. Er stöpselte den Stecker ein und tippte mit fahrigen Fingern ein paar Zahlen. 49 minus 15 gleich? Sie funktionierte! 34. Er erschrak. Er war 34 Jahre älter geworden seit damals. Dann tippte er weitere Ziffern ein: 32. Plus 34. Er las das Ergebnis: 66. Die heißblütige Iris war jetzt 66!

Beglückt torkelte er nach oben. Schwenkte die Flasche über seinem Kopf: 66. Was für eine wunderbare Zahl! Er würde künftig auch Ziffern Worte zuordnen. Oben angelangt, hörte Anton die Klingel. Wie er sich freute! Die Umdeutung? Ganz einfach: 66. Sechs. Sex. Endlich Sex. Und er ließ sich in Mamas Lieblingssessel sinken. Und er schlief ein. Und er war mit sich – und seiner Welt – vollkommen im Reinen.

Olaf Weber

Schachbordelle

Im Frieden gibt es Süßes ohne Absicht
Wobei die Absicht sich aus Spaß verschläft
Im Frieden hat die Freude Sport und Raffinesse,
                                        Wandern
Die Arme wolln als Finger endlich enden
Die Beine sind so heftig lang und uneins
Der Schnabel ist zu kurz zu einer Zeh
Doch jede Zehe ist schön
Und cash
Im fremden Bett mit Engel stehn und cash
Auf jede Schokoladen Seiten cash sich drehn
Nur ein Ohr Vanille Busen kostet was
Nur ein Ohr Vanille kostet was
Nur einzig Ohr
Bordelle ohne cash wär ganze Welt Liebkosung
Schach ist Utopie.

Christine Sterly-Paulsen

Aphrodite

Wie wäre es wohl, wenn die Göttin eines Tages, an einem schläfrigen Sommernachmittag etwa oder am frühen Abend, irgendwo unbemerkt aus dem Meer stiege – sehr besucht dürfte der Strand nicht sein – und die Gäste, mit sich selbst beschäftigt, würden nichts bemerken. Nur eine Perlenkette am nackten Hals und Sonne in den Haaren ginge sie durch den Sand, sterblichen Männern den Sinn verwirren, die sich gleich, Hilfe suchend, eine Bierdose aus der Kühltasche ziehen: eine zu schöne Frau bringt Unglück. Vielleicht fände sie Gefallen an dem einen oder anderen, oder hielte einer Frau ihren Spiegel hin, damit die sich darin erkenne. Aber still müsste der Strand sein, den sie wählt, – zu viele Menschen werden selbst einer Göttin gefährlich –, vielleicht mit einer Hütte darauf, einer kleinen aus Bambus und Gras, in die sie sich mit dem glücklich Unglücklichen legen würde, um ihn erst zu verlassen, wenn über dem Meer der Mond untergeht. Gerade dann, wenn die Nacht am kältesten ist. Dann verschwände sie wieder, blass wie der Schatten, der sich dunstig um den Mond legt, eine von ihren Perlen zurücklassend in der Hand, müde geöffnet, des Mannes.

Manuela Schreiber

Sage mir nicht

Sage mir nicht, dass ich dir gefalle,
sage mir, dass du mir verfällst.

Sage mir nicht, dass du mich brauchst,
sage mir, dass du mich begehrst.

Sage mir nicht, dass du mich liebst,
sage mir, dass du mich willst.

Sage mir nicht, dass du mich verstehst,
sage mir, dass ich ein Rätsel bin.

Stefan Müser

Trautes dazwischen

Als die Aufwischfrau an jenem Morgen *Mampes Neues Dunkelrestaurant* betrat, vollzog sie wie immer ihr kleines Ritual: Sie entzündete eine tönerne Tranfunzel, betrat den Gastraum und stellte sie auf den kleinen Tisch neben dem Samtvorhang, weil sie beabsichtigte, dort erst einmal die letzten Stunden bei einer gepflegten Tüte Gras Revue passieren zu lassen. Das war gewöhnlich kurzweilig, weil sie fast jeder Nacht einen anderen Mann zuordnen konnte, selten spannend, weil es meist doch nicht so toll gewesen war, und ziemlich entspannend, weil die Verflossenen hurtig im Meer des Vergessens versanken, während der Bauch noch so angenehm puschelig und ungierig den jungen Tag empfing. Dennoch träumte auch sie regelmäßig von einer einzigartigen und fabelhaften Liebe.

An jenem Morgen aber zischte noch während der ersten Inhalation die Flamme zweimal kurz hintereinander auf. Es roch etwas verbrannt, die Aufwischfrau erhob sich impulsiv, und trat dabei auf etwas Größeres. Sie hörte ein Geräusch, das sie sofort als das Knacken des Panzers einer Kakerlake identifizierte. Sie nahm die Funzel, leuchtete auf den Boden, und erblickte gleich zwei gutgenährte Exemplare dieser Spezies, die sich penetrant riechend in ihrer Agonie auf den Dielen krümmten. Im aufkommenden Brechreiz stützte sie sich auf der Tischkante ab, die nachgab, und fiel mit dem Joint und der Öllampe in den Vorhang, der sofort Feuer fing. Hätte sie in diesem Moment geahnt, dass sie bereits zwei sich unermesslich liebenden Pärchen den Garaus gemacht hatte, dann hätte

62

sie das leise Stöhnen, das sie trotz ihrer Panik beim Hin-
ausstürzen vernahm, aufhorchen lassen. So aber musste
auch noch ein menschliches, der Zechprellerei verdäch-
tigtes, aber einfach unter den großen Tisch geglittenes trun-
kenes Paar das Zeitliche segnen.

Was war geschehen? – Der für das Dunkelrestaurant
zuständige Cupido, ein wegen seiner Altersbockigkeit straf-
versetzter Liebesgott, hatte bei Dienstantritt den Verlust
seines Köchers bemerkt. Er schleuderte die drei Dart-
pfeile, die er noch in seiner Schurztasche aufstöberte, in
den Raum, und verließ das Lokal, nachdem er sich hatte
eingestehen müssen, so nicht arbeiten zu können.

Der obere Pfeil traf ein junges Mottenpärchen, der
mittlere einen Mann und eine Frau in den besten Jahren,
und der untere zwei goldige alte Küchenschaben.

Daraufhin verliebten sich alle Beteiligten, die bis dahin
nur ein Paar belanglose Worte gewechselt hatten – die aus
dem Samtvorhang geborene verarmte Adelige Juni de la
Motte und der einem britischen Tweedsakko entstiegene
Nachtfalter Sinclair McSilver, die zu einem Blind Date
mit dem Hallenser Facility Manager Jens Hibbeler verab-
redete Sales Managerin Anna Saale-Unstrut aus Waldkir-
chen, die eben aus L. A. eingeflogene Kakerlakendiva Scho-
scha Schabor und der aus einem Dortmunder Schwitz-
club verschleppte Schaberich Hans-Robert Lichtwerk –
all diese unvermutet Getroffenen verliebten sich schlag-
artig unsterblich ineinander und hatten kurz vor ihrem
Tod auch noch exorbitanten Sex miteinander.

Um dem geneigten Leser die zärtlichen Handlungsab-
läufe der Protagonisten maßstabgetreu nachzustellen, wäre
die Nachbildung der unterschiedlichen Zeitempfindungen
unerlässlich: Die jungen Motten empfanden ihr flatter-
haftes Liebespiel paradoxerweise als sehr langsam und von

gediegener Schönheit, wohingegen die ohnehin schon turboschnellen Kakerlaken den bodenständigen Akt in der identischen Zeitspanne altersentsprechend als sehr viel kürzer und damit als fulminanten Quickie erfuhren, obwohl sie für ihre Gattung durchaus behäbig agierten. Das menschliche Paar war aus unerfindlichen Gründen trotz der schützenden Dunkelheit beim ungestümen gegenseitigen Untertischoralverkehr eingeschlafen und lag damit erlebnis- und alterstechnisch im phänomenologischen Mittelfeld.

Hätten die Wettbewerbsausrichter dem Verfasser dieser Zeilen statt der vorgeschriebenen fünf Seiten generös bis zu fünfhundert zugestanden, wäre dies ein – sukzessiv beschleunigendes und bis zum lodernden Finale aufpeitschendes – Jahrhundertwerk der erotischen Literatur geworden. So aber muss er sich auf den Pitch der Kopulationsauslöser in weicher Echtzeit beschränken.

Auf den Dielen:

Ehrlich gesagt, nach *Joe's Apartment* habe ich nur noch Pornos gedreht ...

Dann hast du ja schwer Kohle verdient, hehe!

Alright! Ich bin die teuerste Kurtisane nach Madame Pompadour!

Kurti was? Egal! Geld ist was für lichtscheues Gesindel!

Baby! I Could be your mother!

But you're tight like a little girl!

Oh ... aah ... yeah ... hit me ... oh Babe! You light my fire ...

I'm your man! I'm your sun! I'm your moon! I'm your star!

You're my next ... aaarrgghhh!

Über dem Tisch:

Wär echt cool, wenns nicht noch so scheißkalt wär ...

Ja, aber jetzt kommt ja der Frühling ... magst du eigentlich galante Rollenspiele?

Meinst du geil, oder sowas? Also so Arzt und Schwester?

Ja, oder Ärztin und Pfleger ... ich bin übrigens die Neue, Frau Dr. Unstrut ... darf ich dich befühlen?

Haha! Ja, gerne. Ich bin der Jens. Aber Vorsicht, ich hab eine große Nase!

Hmmm ... mit dem Kolben hast du wahrscheinlich schon die ganze Station aufgemischt?!

Naja ... die Stössel, die Brede, die Flintrop und die Lampe!

Du und die ... die mit ihrem Stehlampencharme?

Naja, und mit der Lore ...

Wer ist denn die Lore?

Die Mastiff-Hündin von der Lampe ... aber nur Kuschelsex!

Mit der Zunge?

Du, ich ...

Ich auch!

Nee, nee ... ich hab noch 'ne Flasche Wodka unterm Tisch!

Und ich ein durstiges Bärchen ... auf dem Boden?!

Indes im Vorhang:

Isch mag disch viel lieber als Chocolat!

Du muffst really good!

Willst du misch gleisch 'ier vernaschen?

Ist es not langweilig, es immer zu tun in the darkness?

'ast Du es denn schon einmal in die Lischt getan?

Oh yes, indeed: No risk, no fun!

Ist das nischt lebensgefährlisch?

Ach was, das sind Fairytales aus einer Scheinwelt. Du musst disch nur immer an dem Mond orientieren ...

Oh, die Mond ...

C'mon Babe, fly with me to the moon ...

Oh, là, là, du kitzelst misch mit dein Fühler am Bauch!

That is no feeler, that is mein Schlauck!

Mon Dieu! Parbleu! Fang misch, wenn du kannst ...

Der Rest ist schon bekannt. – Ok, das ist eben im Zeitraffer nicht so der Burner, aber es sollte eben auch nicht im flammenden Inferno enden. Denn die Aufwischfrau, deren Leben sich durch die zufällige Kombination jener Zeitpunkte verändert hatte, entdeckte noch am selben Morgen die Pyromanin in sich, und verliebte sich glücklich in einen Feuerwehrmann, der das rituelle Grasrauchen und die Einbeziehung einer tönernen Tranfunzel in das regelmäßige Liebesspiel ganz außerordentlich bezaubernd fand – zum einen wegen des immer möglichen Feuerchens, zum anderen, weil die Zeit damit wieder so schön lang wurde, und alles andere vergessbar.

Er nannte sie zärtlich Flammri, und sie lebten glücklich, bis es wieder einmal irgendwo anders brannte.

C. H. Huber

geheime
gärten tragen
immer noch rosen
ein vogel schlüpfte
ins verborgene nest
und düngte sie gut
aufbereitet wurde ein
rosa duftender acker
spargel hatte sein hoch
himbeeren wuchsen
rasch auf hügeln
im rosengezweig
amselei

amselgezwei

Peter Hönig

Das Glück aber ist eine Frau

Da saß er also in seinem Glück, das hoffte er zumindest, hoch über den Wolken in einem der großen silbernen Vögel. Er blickte sich um, merkwürdig schon, alles Männer, wie er, eingefangen von der großen Werbetrommel, Pack dein Glück und lass nicht los! Flug zur ,Insel der Frauen', was immer das sein mochte.

„Warum die das wohl machen?" Er hatte zu sich selbst gesprochen, war einem Gedanken nachgegangen, zu laut wohl, denn sein Nachbar lachte ihn an.

„Ist doch logisch", sagte der, „die geben sich Mühe, legen uns die Welt zu Füßen, warten Sie nur", und schlug ihm auf die Schulter, „schön machen sie es uns und farbig, wie nur irgend möglich. Überzeugen wollen sie, so ein bisschen Paradies spendieren, vielleicht den Himmel noch dazu. Hoffen natürlich, dass wir mitmachen."

„Mitmachen, wobei?" Er blickte ihn fragend und neugierig an, „übrigens, Korbe, Peter Korbe."

Der Nachbar sah ihn erstaunt an.

„Na, Sie wissen es doch. Schon vergessen? Geschlechtsumwandlung. Deshalb sind wir doch an Bord. Es locken nicht nur schöne Worte, sie hauen uns auch die Taschen voll Geld. Wollen die Gesellschaft modernisieren, ein Gleichgewicht der Geschlechter wieder herstellen. Es gibt viel zu viele von uns Männern. Ich denke, die meisten hier im Flugzeug machen mit. Ich ganz sicher."

Das also war es. Und das saß. Geschlechtsumwandlung. Ein Billigflug hatte ihn gelockt, Abenteuer, ja! Aber sich verleugnen? Er, ein Mann, durch und durch. Und jetzt das. Hatte wohl das Kleingedruckte nicht gelesen. Mist, oh Mann!

‚Ein besonders Vorsichtiger, nun ja‘, dachte sein Nachbar und setzte laut hinzu: „Fröhlich, wie lustig, nur als Nomen natürlich und Adam." Damit hatte er sich gleich vorgestellt, Adam Fröhlich und er fügte noch hinzu, dass er später gerne Eva heißen würde, weil doch Adam und Eva. „Na, Sie wissen doch ..."

Das Bordprogramm begann. Die Lichter erloschen weitgehend, nur wenige Scheinwerfer erhellten den Mittelbereich. Der fiel jetzt besonders auf. Leer war er, seine Sitzreihen fehlten! ‚Weshalb der große freie Platz?‘ Herr Korbe rätselte, kam zu keiner Lösung, eine Bühne fast. Eine Präsentation?

Lichtspiele. Farbiges, verführerisches Halbdunkel plötzlich, die Männer verstummten, flüsterten erregt, was ging hier vor? Da sprangen die Türen zur 1. Klasse auf und junge Frauen, frech und knapp bekleidet, tanzten und sangen sich in den Raum, begleitet von heftigen Rhythmen, umwarben die Männer, ließen Nähe zu, Haut und Lust, ließen ahnen und spüren, farbige Lichtbündel, Erotik und leise Gier. Begehren. Ja, zur Insel! Komm!

Die Männer johlten, pfiffen, riefen sich erregt etwas zu, als gäbe es ein Fest. Plötzlich öffneten sich mit einem Fauchen Schleusen aus dem Himmel des Flugzeugs. Vorhänge, seidene, lichte, wunderschöne Vorhänge, rauschten herab, formten sich dabei zu Kabinen, zu kleinen verborgen Lusthöhlen, lockten mit dünnen, verräterischen Stoffen, mit frechen oder auch zarten Farben, ließen Geheimnisse ahnen, gaben Stimmen frei, Flüstern, leises Lachen.

Keine Einladung brauchten die Männer, bewunderten großäugig, scheu fast, ließen die Stoffe durch ihre Hände gleiten, geheimnisvolle Orte. Und jene Frauen, die eben noch sangen und tanzten, die mit Blicken und flüchtiger Haut die Männer berührt und erregt hatten, mischten sich unter sie, zurückhaltend jetzt, leise und freundlich. Mut sagten ihre Augen, ihre Hände, traut euch. Fuhren dem einen, dem andern aufmunternd durchs Haar und verschwanden in der Tür, aus der sie eben erst gekommen waren.

Denn in Körbchen oder auf farbigen Bügeln waren mit den Vorhängen die herrlichsten, die verführerischsten Dessous heruntergekommen, lagen oder hingen als Seide, als zarter Stoff, in schlichten oder auch kühnen Formen, üppig und in großer Zahl, alles schien da zu sein. Verführungen der Finger, Biegen und Brechen von Wünschen oder heftigen Forderungen. Seide und Lack und Leder. Den Körper spielen lassen, seine Haut umschlingen, geheimnisvoll ihm Reiz und Rätsel geben, Lust und Begehren, kleine Schreie.

Wie im Taumel griffen die Männer jetzt nach diesen Kostbarkeiten, legten sich auf die Haut davon, fühlten mit harten oder weichen Händen, mutig und fordernd, oder waren scheu und still, so neu war alles doch. Was, Himmel auch, machten sie hier!

Eine Frau wirst du jetzt sein, eine Frau!

Leise und zögernd die einen, laut, jauchzend und rasch, die anderen, entkleideten sie sich, fuhren mit gierigen Händen in Dargebotenes, nackt wie sie waren, schlüpften hinein, streiften über, zwängten und pressten sich, Wohllaute, Gurren wie verwirrte Liebende. Schnalzen. Heftiges Atmen.

Sieh nur, he Mann, nun sieh doch! Bügel-BHs von der Körperfarbe bis zu grellem, modischen Design, sogar in Lack oder Satin. Minimizer BHs mit Spitzen, Hot Pants,

Strings, Tangas, Straps-Gürtel, eine Vielfalt von Strumpf-hosen und Strümpfen, Unterwäsche von größter Raffi-nesse, mit aufregenden Düften, kühnem Schnitt, Schleif-chen und Spitzen, schmalen, verräterischen Schlitzen, ge-heimnisvollen Öffnungen und, und, und, eine wunderba-re Welt!

Sie probierten an, was ihnen die Lust in die Hand gab oder die Fantasie, vergruben ihre Gesichter darin, als jag-ten sie dem Geruch versteckter Träume nach, Bilder zu wecken, Frau von morgen sein, jetzt schon, verführerisch und schön und nah. Drehten sich vor Spiegeln, erste zag-hafte Schritte, Fragen, scheue Blicke, wie sehe ich aus? Ließen sich berühren, Hände, die sich fanden.

Lust von Fingern, von Augen, von neuen Düften und weichen Bewegungen. Machten die Luft manchmal knapp, so neu, so schön war alles und aufregend.

Eine Welt kleinster Häkchen und Ösen, Schleifchen und seltener Verschlüsse, eine Welt von Raffinesse und Verführungskünsten, verborgen und nur dem Suchenden geöffnet, Rausch und Genuss.

Und Herr Korbe? Der zögerte noch immer und zog sich nur langsam aus. Fasste dann Mut, mal in das eine oder das andere der Körbchen zu greifen, befühlte Stof-fe, die er nie zuvor gesehen oder von ihnen gewusst hatte, ließ sich von Spitzen und Bändchen anwerben. Eine Frau werden, so ersehnend zu werden, wie viele andere hier rings um ihn, lockend in ihren Bewegungen, mit lustvol-lem Begehren und dafür jene Versuchung finden, Hülle aus Lust und Seide, wollte er das wirklich?

Ganz anders Herr Fröhlich. Mit Jubel und Juchzen hatte er sich aus seinen Kleidern befreit, griff nahezu wahllos in die Körbchen, denn alles, alles hier war verfüh-rerisch, machte ihn glücklich.

Er tänzelte vor Herrn Korbe mit dem Rücken, flehte ein „Zumachen, bitte", meinte damit irgendwelche Häkchen auf dem Rücken und war schon beim nächsten Körbchen mit dessen Überraschungen. Die Strümpfe! Mein Gott, die Strümpfe! Dazu durfte erst gefunden werden, was später Halt geben sollte und Verführung zugleich. Er fand einen tollen Strapse Gürtel, auch wunderbare Strümpfe, schwarz mit einer Spitzenbordüre. Rollte sie auf und glitt mit einem Fuß hinein. Welch ein Genuss, welch ein Gefühl! Nie gekannt. Führte den Strumpf weiter hoch bis zum Schenkel und klipste dort ein. Nahm dann den zweiten Strumpf, wie den ersten, Wahnsinn. Ach, wie schön sah er doch aus! Drehte sich und tanzte durch die kleine Kabine, schwang Hüften und Beine und Bauch, umrundete seinen Nachbarn, stieß ihn mit erregenden Bewegungen an und sang und klatschte dazu mit seinen kleinen Händen im Takt.

Dann stand er vor dem Spiegel. Stand und sah sich und fand sich wunderschön: Ach Eva, endlich!

Doch es fiel ihm bald auf. Je länger er sah und dieses Bild zu lieben glaubte, desto farbloser wurde es ihm und was Reiz und Schönheit erst vorgab, verblasste mehr und mehr, denn er sah nicht nur die Spitzen und Schleifchen, die farbigen Bänder und feinen Stoffe, da waren sie, seine üppigen Rundungen. Es half nichts. Er seufzte, drehte sich vom Spiegel weg und starrte auf die Körbchen, die ihn fast begehrlich anlächelten, ach, befühlte sie vorsichtig, scheu fast, für ihn nun so unbegreiflich fern.

Verlorene Paradiese. Suche dir andere. Zögerlich noch, resignierend fast, machte er sich daran und fand dann ein recht raffiniertes Modell eines Vollbrust Korsetts aus schwerem Satin. Stand da, unsicher und unglücklich mit diesem großen, kräftigen Kleidungsstück, das ihn nur einzwängen würde, so fern aller Lust und Freude und schönen Ahnungen.

Herr Korbe sah diese Traurigkeit, lächelte, nahm ihm aus der Hand, was nicht überzeugte, nicht dazu gehörte.

„Schluss jetzt. Du siehst toll aus! So werden sie dich lieben, die Männer, so, wie du bist! Lass alles an! Es gibt genug, die üppiges Fleisch lieben. Bleibe so!"

Das war so unendlich gut und richtig! Umarmte glücklich den anderen, griff in die Kistchen und Kästchen, her mit den feinen Fummeln und keinen wollte er auslassen!

Herr Korbe wählte endlich ein schwarzes, eng geschnittenes Lack-Lederkleid. Es gefiel ihm. Er legte es sich auf die Haut, spürte das kühle, dünne Leder an seiner Brust, dem Bauch, den Schenkeln, fühlte plötzlich diesen feinen unbekannten Reiz, der ihn weiter trieb, fröstelte. Wie von einer kalten Sonne, so war er überrascht worden. Unbekanntes Land, ein Mann, er, sich aufgeben, nein, er fühlte es plötzlich, das Neue, begriff, nicht aufgeben, sich gewinnen, sich neu entdecken! Unbegreiflich! Er zog sich langsam an, über die Schultern, tauchte ein, wie in ein Abenteuer, genoss es, jeden Zentimeter, jeden Ruck, eine neue Haut, vibrierend mit leiser Gier. Spürte die kleinen Ösen am Rücken, weiter, nur weiter! Den dünnen Saum. Doch plötzlich hielt er inne, ging, halbangezogen wie er war, zu diesem feinen, seidenen Vorhang, der ihm den Schutz einer Kabine gab, nahm einen solchen vorsichtig in die Hände und hüllte sich damit ein. Halb in Leder, halb in Seide noch, stand er und fühlte so sehr etwas Fernes, Unbekanntes, das ihn rief und aufforderte und lockte. Hatte ihn getroffen, sich in ihm geöffnet. So blieb er eine Weile stehen, fing dann an sich leicht zu drehen, schloss die Augen, wie tanzend fast und träumend, Lack und Leder und Seide. Ein Taumel. Welch eine Welt!

Er öffnete die Augen, zog das Kleid langsam aus, legte aus der Hand, was immer es war, zart oder frech, dünn oder kalt und fordernd, sah nur diese dünne Seide, diesen Hauch einer Trennung, wie sie fiel, breit und weich und verführerisch, ein Vorhang nur, und doch dünn wie Licht oder eine flüchtige Sünde, ein leiser Verräter, Verführer, der.

Er nahm eine Schere zur Hand und schnitt eine der Seidenfahnen ab, hüllte sich in dieses weiche, lichte Tuch, um und um und um mit aller Sehnsucht.

Wie leise war seine Wahl gewesen, wie dünn diese Stimme, die er für sich hier gefunden hatte und wie schön und reich doch. Ein neues, ein wunderbares Gefühl war jetzt in ihm, Neugier auch auf diese leise, neue Lust, feucht die Lippen schon, Fleisch und Haut. Fremde Düfte, Berührungen. Er dehnte und streckte sich, Arme und Augen und Zunge, merkte, wie sehr er schon Frau geworden war, kein chirurgischer Eingriff, unbekannte Sehnsucht und ein einziges Kleidungsstück nur! Und wusste es gleich, als der andere ihn ansah, erst schwieg, dann aber leise sagte: „Wunderschön, du bist wunderschön."

Da standen die beiden, fast Männer noch, fast Frauen schon und nahmen sich in die Arme, spürten sich in ihrer Sehnsucht, dem Herzschlag eines aufregenden Lebens, Schatten und Lichter, Bilder von Glück und Lust, von Musik umweht. Tief und lockend die Stimme der Ella. Summertime. Alles passte.

„Schminken könnten wir uns noch", flüsterte Herr Korbe, schmiegte sich an seinen Partner. Sie drehten sich und tanzten leise.

„Und, Peter Korbe? Ist jetzt alles in Ordnung?"

Der aber lächelte. „Welcher Peter Korbe? Ich heiße jetzt Petra. Petra Korbe. Wann landen wir endlich?"

Gabriella Wollenhaupt

dämonen

du atmest seide
an meinen hals.

streichelst spinnweb
auf meinen bauch.

flüsterst terzinen
zwischen meine brüste.

küsst dämonen
in meinen schoß.

Falk Andreas Funke

Weil aber kein Platz mehr in der Herberge war

Weil aber kein Platz mehr in der Herberge war, betritt Krause nach langer Suche den nächtlichen Stall. Eingerahmt von Brettern und Balken leuchtet ein warmes Licht. Golden strahlt es von der Krippe aus, darin das Neugeborene liegt und schläft. Die heiligen Eltern knien daneben, tief versunken im stillen Gebet. Gutmütig schauen Ochs und Esel aus ihren Verschlägen. Jetzt erst bemerkt Krause die Putten, die auf der Tenne sitzen. Im Stroh. Mit Harfen und Flöten. *Daher* also spielt die Musik. Jemand hustet. Krause wendet sich um. Die Stalltüre steht offen, draußen schneit es noch immer in fetten Flocken. Drei Hirten kommen herein, von denen der Jüngste – ein Wuschellockenkopf – ein schlafendes Lamm auf den Schultern trägt. Die Hirten sagen wie aus einem Mund: *Gegrüßet seist Du, Maria* – und geben Josef die Hand. Der Wuschellockenkopf legt das schlafende Lamm dem Neugeborenen zu Füßen. Sogleich fällt er und fallen die anderen Hirten auf die Knie und beten. Der Lockenkopf aber blinzelt, blinzelt zu Krause hinüber – *dem* schießt etwas durch Mark und Bein. Dieser Bursche! Diese Wuschellocken! Die bringen Krauses Herz zum Vibrieren. Er geht zur Stalltüre, schließt sie, dann tritt er zur Krippe und kniet sich neben den jungen Hirten. Und weil es eng ist, rückt Krause dicht an ihn heran, so dicht, dass eine der dunklen Hirtenlocken Krauses Wange berührt. Er fühlt sich gestreichelt. Ich kenne da noch einen anderen Stall, ganz in der Nähe, flüstert ihm jetzt der Junge ins Ohr. *Also, wenn gleich die drei heiligen Könige kommen, schleichen wir uns im Stillen davon.* – Ein glühender Strom fließt durch Krauses Sonnengeflecht. Sein Herz macht einen Hüpfer. Er weiß: heute Nacht wird etwas Wunderbares geschehen, und heiß wird es werden im Heu und im Stroh.

Bärbel Klässner

Tanz mich

Tanz mich mit den schuhen und kröten tanz mich mit
den nägeln mit den hölzern und fersen mit dem ersten
mit dem milchweiß septemberfrost tanz mich in den kon-
turen wie das winterharte spitz und scharf das verkohlte
schrift in den roten himmel krakelt tanz mich tanz mich
wie eine lumpenpuppe der das eine bein fehlt das andere
lose am faden baumelt und erst die augen tanz mich mit
den krallen von adler und mäusebussard und mit den ster-
besamen des zauberbaums tanz mich unter die röcke von
paris in die stillgelegten schächte mit den heiligen namen
den vermauerten lungen tanz mich außer verstandes in
die türme und glockenstühle in die taubenschläge und
verliese tanz mich an die brust von notre dame und unter
die erde von berlin tanz mich du mein stern ma petite
tanz mich über die schmiedefeuer von kreta an dir ist
kein irrtum kein verhängnis also tanz mich in alle farben
und himmel und zwischen deinen lippenspalt tanz mich in
den kehlkopf in die zweige des atembaums geflechte wie
von algen schlingenden armen tanz mich morrigan so
schwarz tanz mich so schwarz so blue so übernächtigt so
angezündet in dein inneres mit magma gefülltes tanz mich
in den hafen von bangkok in die gerüche engel und fisch
tanz mich über die grabschriften die altäre und schiffe
unter die totenbetten verstaubter ehen tanz mich in die
frischen herzen junger wölfe lass raben und eulen aufflie-
gen tanz mich den federn zuliebe die steilwände hinauf
tanz mich in die zonen dünner flüchtiger luft in die nadel-
feinen pfeifen silber und glas tanz mich an den schwindel

gipfel des nanga parbat mit deinen zungen tanz mich mit deinen zähnen und zehen mit deinen hüften und lügen mit deiner feigheit tanz mich mit deinem spiegel tanz mich mit deiner trüben vergesslichkeit wer bist du chérie? tanz mich verkehrt in den schenkeln und von hinten an die ufer von zorn und verzweiflung tanz mich für meine verwelkte hirtenseele tanz mich um alles um alles um das los das los

Ferdinand Schmalz

Auf Spur

Thomas war ganz seine Funktion. Er war das sprich-
wörtliche kleine Rad, ohne das diese Riesenmaschine nicht
laufen würde. Sein Job, und der war im Grunde genom-
men sein ganzes Leben, war Hochdruck, immer unter
Dampf. Er musste reagieren auf den Markt, auf die Zah-
len, auf die Befehlskette, immer reagieren in Bruchteilen
von Sekunden. Er hatte kein Zuhause – zumindest seine
Wohnung, die den Bildern aus dem Katalog eines Möbel-
hauses glich, war es nicht – wenn er sich wo daheim fühl-
te, dann in seiner *Businesssuite,* seiner Rüstung. Mit ihr zog
er hinaus in den Zahlenkrieg, der da wütete, in dem es
jeden von einer Sekunde auf die andere treffen konnte.
Wenn er das Großraumbüro im zwölften Stock, das
Schlachtfeld, betrat, lagen einige noch da, die Verwunde-
ten des Vortages. Sie hatten über Nacht noch zu retten
versucht, was nicht mehr zu retten war. Die Papiere unter
die Leute zu bringen, die wie Gift in ihren Händen lagen.
In Kürze werden sie sich zur Urteilsverkündung in die
allmorgendliche Teamsitzung aufmachen, wo der *Operator*
ihnen dankt für die Aufopferung bis zum bitteren Ende
und ihnen die Kiste für ihre privaten Habseligkeiten in die
Hände drückt. Mit einer heuchlerischen Freundlichkeit
wird er sie bitten ihren Platz mit der gebotenen Eile und
Professionalität zu räumen.

Das war die Welt, in der Thomas lebte, die er nicht
liebte, die er aber verstand, in der er sich bewegen konnte
wie kein zweiter. Nicht zu laut auftreten, sich nicht zu
weit aus dem Fenster lehnen, seine Aufgaben immer brav

machen, dann schaut am Ende des Tages ein fetter Bonus und eine Nase feinstes Weiß auf der Toilette der Chefetage dabei heraus.

Und an diesem Abend im Frühsommer war Thomas wieder einmal toll. Erst raste das Adrenalin durch seine Blutgefäße, als er den großen *Deal* unter Dach und Fach gebracht hatte, nun das Kokain. Laber*flash* mit dem Abteilungschef. Zack, raus an die Frische. Passanten anquatschen. Toll, toll, toll. Er hatte das Gefühl als wäre er um zehn Zentimeter gewachsen. Er konnte über alle Köpfe hinweg schauen. Ragte aus dem Dunst der Großstadt. Dann rein ins Auto. Das Motorengeräusch, als er seinen Porsche *Carrera* anließ, das war er. Durch die Stadt preschen mit offenem Verdeck. Die haargelgestärkte Tolle wehte im Fahrtwind. Goldstaub aus dem Mund der sinkenden Sonne.

Mitstreiter treffen. Hyänenpack. Wieder Laberflash. Toll, toll, toll. Heute ist er der Hecht im Karpfenteich. Seine Kriegsgeschichten sind die waghalsigsten. Dann Kühles gegen die erste schwüle Nacht. Dann Designerfood, das nicht mehr wie Essen aussah und auch nicht mehr essbar schmeckte. Toll. *Fresh* nachlegen und noch zwei Kühle gegen die Nacht. Wie immer erste Adresse das *GleitFrei*. Heute legte *DJ Waste Patrol* eine Mischung aus südamerikanischem *Slumfunk* und hochgezüchteten *Fusionjazz*klängen auf. Genau das Richtige, nachdem man mit Rohstoffen in Millionenwert gezockt hat, dachte er und lachte säuerlich. Noch ein bisschen Puder nachgelegt, um sich wieder in den Augenblick zurückzuholen. Jetzt war er wieder ganz das Verhältnis von Musik und Licht und Designerkörpern, mit Hauttaschen voller Plastik an den richtigen Stellen. Ein paar ironische *Moves* auf der Tanzfläche hinlegen, während die Katzen um Thomas sich größte Mühe gaben zu wirken, als wären sie aus einem *Hiphop*-Video geschnitten. Hochglanz*chicks*, dachte er, die würden sich gut in meiner Wohnung machen. Und natürlich gab es SIE, wie es SIE, in jedem Club gibt, die Angora unter den Katzen. Ihr Körper bewegte sich unter dem knappen Stück Seide, wissend um jeden Blick. Und während andere ihre einstudierten Balztänze abspulten, war sie ein kommunizierendes Gefäß, eine lebendige Mingvase. Jeder Schwung ihrer Hüften war einem aus der Schar von Typen gewidmet, die sie umzingelten. Als sie ihren Po an Thomas schmiegte, spürte er wie sein kockareiches Blut in seinem Glied pulsierte. Wieder ein Satz derbe Bässe. Ihre steifen Nippel zeichneten wogende Tanzlinien durch die Seide. Er versuchte cool zu bleiben, während der Schweiß seinen Hemdkragen benetzte. Noch mal die volle Bassdröhnung in der Magengrube spüren. Ihre Arme umschmeichelten seinen Körper. Eine Geste in Richtung Bar und sie schmiegte sich schutzbedürftig an seine Seite. Zweimal Edelsprudel und dann in die Lounge. Hinfläzen, lässig, französisch.

Thomas merkte, dass der Tag seine Spuren an ihm hinterlassen hatte, wenn er jetzt nicht nachlegte, würde seine Körpermaschine nicht mehr volle Fahrt aufnehmen. Er flüsterte ihr ins Ohr, küsste die zarte Haut in ihrem Nacken. Dann auf die Toilette, *Black Hole*. Dumpf drangen die *Sounds* aus dem Club herüber. Weiße Kohle für seine Maschine auf schwarzen Spiegelfliesen. Noch ein Blick in den Spiegel, toll. Wieder raus in das Gallert der Tanzarena. Er überblickte die wogende Masse an Fleisch. Und er erkannte alles. Er sah jedes erregte Zucken und verstand es. Jedes noch so kurze Zwinkern bemerkte er, saugte er auf. Er stand wie vor einem Meisterwerk, einem opulenten Gemälde, dessen wahrer Kern sich ihm gerade offenbarte. Ein Zeichensystem. Da war ein großer hagerer Typ, der mit elastisch spastischen Bewegungen eine üppige Blonde umtänzelte. Seine filigranen Finger berührten sie immer wieder an sensiblen Stellen und manövrierten sie so über die Tanzfläche. Da war ein gescheitertes Model, das nun ihr Glück an einem alten Sack probierte. Gierig fasste der Alte mit seiner Hand, durch die wohl einiges an Kapital floss, nach ihren zarten Hüften. Und da war SIE, die Angora, wie sie sich gerade am Arm eines Typen aus der Masse löste und in Richtung Ausgang schob. *Fuck, fuck, fuck!* Eine Angora lässt man nicht warten.

Als Thomas auf die Straße hinaus eilte, um zu retten, was nicht mehr zu retten war, rollte das Taxi mit der Angora und diesem Typen in die Nacht davon. Thomas schrie, prügelte die noch immer reichlich schwüle Luft um ihn herum und wurde von einem Security aufgefordert, den Bereich vor dem *GleitFrei* zu verlassen, da er sonst die Polizei rufen müsse. Darauf folgte eine hitzige Debatte, woher so ein Nichts wie dieser Sicherheitsmann sich das Recht nehme, ihn zu maßregeln und ob er nicht lieber heimgehen wolle und seine Mutti ficken. Als sie kurz davor waren sich die Köpfe einzuschlagen, merkte Thomas, dass es in ihm kochte und er vielleicht einfach noch ein Kühles und richtiges Essen brauchte. Abrupt ließ er den Türsteher los, der gar nicht wusste, wie ihm geschah.

An *Hertas heißen Würsten* brutzelte es im fahlen Neonlicht. Fetttriefende Wurst und Dosenkühlstoff füllten den Innenleerraum, den dröhnenden Echoraum in ihm. Silberfetzen am Horizont kündeten den nahen Morgen an. Das *Fresh* arbeitete in seinem Kopf. Die letzte *Line* war für einen Matratzenmarathon mit Angora gedacht gewesen. Krass. Stammgast Heinz lehnte am Tresen. Priesterlich nickend und murmelnd nahm Heinz Thomas' Gelaber auf. Vergerbtes Gesicht und Augen wie Löcher. Gold an Zähnen und Hals. Taxifahrer in Jeansjacke. Die Stille, wenn Thomas sein Kühles leerte, voll Neon-, Brat- und Trinkgeräuschen, bis Heinz feucht nuschelte, wenn du dich noch austoben willst. Als er lachte, blinkte das Gold aus seinem Mund. Im Aupark gibt es eine. Keine von den Schwalben. Irre.

Sein Körper war ein Pulsieren. Um ihn farbloses Grau, durchzogen vom Schwarz der Baumstämme. Sein Anzug schwer vom Schweiß. Kurz an der rauen Rinde einer Eiche aufgestützt, Atmen, dann getrieben von der Manie tiefer in den Park. Seine Lust wütete wie ein Tier. Im Laufen spürte er, wie sein steifes Glied sich zwischen Hose und Haut rieb. Immer wieder zuckte sein Körper unter der Erwartung zusammen. Ein Lachen. Das Tier in ihm horchte auf. Weiter hasten. Die Reflexionen der Bäume trugen den Klang an das Ohr des Tiers. Ein rotes Flimmern im Grau. Er lief darauf zu. Sie lag im halb hohen Gras, an einen Baumstamm gelehnt. Ihr feuerrotes Haar zerzaust. Ein üppiges Blumenkleid bedeckte knapp die Scham. Wieder ihr schrilles Lachen, Krähen aufschreckend. Eine ihrer Brüste hing aus dem Kleid, blickte ihn an wie ein drittes Auge. Mechanisch entkleidete er seinen Maschinenkörper, für den er sich schämte, nicht weil er nackt war, aber weil er so makellos war, nichts sagend, während ihr Körper eine Geschichte erzählte. Ihr poröser Körper voller Narben, Wunden und offener Stellen. Sie besaß keinen Reizschutz, die Welt strömte wie ein Sturm auf sie ein und hinterließ ihre Spuren. Sie war die Berührung schlechthin, das Hier und Jetzt. Ihre Augen waren auf Thomas gerichtet, aber sie sahen nicht ihn, sondern die Leerstelle hinter ihm. Das Nichts, das unter seiner Haut tobte.

Er spürte das Gras an seinem Hintern, als er sich hinkniete um ihre Füße zu lecken. Jede Berührung war ein Peitschenschlag durch seine Glieder. Langsam mit Zunge und Lippen, jede Unebenheit ihrer Haut betastend, glitt er ihre Beine entlang. Der Duft ihrer Scham, herb wie Schafgarbe. Tiefes Brummen aus ihrem offenen Mund. Sie zog ihr Kleid höher. Ihre süße Wunde, bedeckt von Schamhaar, röter als auf ihrem Haupt. Von ihrer aufgebrochenen Frucht kostend, rieb er seinen Körper an der Grasnarbe wund. Als er ihre Perle sanft mit den Zähnen fasste, lachte sie wieder auf. Eine kurze Unsicherheit überkam ihn, die seine Lust aber nur noch steigerte. Er fasste nach ihrer Brust. Seine Finger gruben sich ins weiße Fleisch. Auch er würde seine Spuren auf ihr hinterlassen.

Lang verharrten sie, die Gesichter dicht an dicht, bevor er sie küsste. Ihre dunklen Augen fokussierten ihn nicht, sahen immer noch das Nichts. Auf ihrer Stirn erkannte er im Dämmerlicht ein Aschekreuz. Sie legte ihren Kopf auf seine Schulter, ihr schwüler Atem an seinem Ohr. Dann ihre Stimme, die auch eine Wunde war, offen und porös.

Plötzlich riss sie ihn zu Boden. Setzte sich auf ihn. Er drang in sie ein. Das feuchte Warm stülpte sich über ihn. Ihr Leib in Spannungsbögen über ihm. Die Finger in seine Haut gehakt, wollten ihn durchbohren. Immer fester stieß er zu. Eine rote Fahne ihr Haar, darüber die Baumspitzen, als wollten sie ihr nacheifern, in Morgenröte getaucht. Sie spuckte ihm ins Gesicht, wieder und wieder. Er stürzte sie von sich. Nahm sie grob von hinten. Sie lachte, immer lauter. Ihr Rücken, ein abstraktes Gemälde. Seine Knie versanken im feuchten Moos. Der Blick nach oben ins morgendliche Feuermeer. Dann schrie Thomas bis ihm schwarz vor Augen wurde.

Als er erwachte, lag er an sie geklammert. Zwischen ihnen sein klebriger Saft. Sie streichelte ihn behutsam. Lange verweilten sie so. Beobachteten Eichhörnchen und erste Hobbysportler. Die Hitzewelle hielt weiter an. Sie hieß *Isabella*.

Gisela Noy

In einer fremden Küche

Im Fenster einer fremden Küche
früh um fünf seh ich
den Kirchturmhahn gerötet
die Sonne silbern, golden meine Haut

die volle Stunde schlägt

in meinen Gliedern hängt
die Mattigkeit der Lust
ganz lag ich heute Nacht
in deinem warmen Mund

so nackt so neu
find ich mich wieder
in einer fremden Küche
früh um fünf

Jonas Torsten Krüger

Neidhart auf Jamaika

Schon mal was von Minnesang gehört? *Ich saz uff einem steine, under der linden?* Walther, Wolfram, Neidhart & Co?

Ich hab's früher gern gehört, dieses Dudeln mit Schalmei, Tamburin und Schellengeklingel. Heute hasse ich es. Und liebe es. Seit ich auf Jamaika Urlaub machte.

Wir hatten fast ein Jahr gespart für diesen Trip, mein Kumpel Hantel-Harald und ich. Und jetzt waren wir hier, hatten den Sardinenflug überstanden und die ersten Anstürme der Rastamen. Die sprachen deutsch – zumindest zwei Worte, die sie souverän an jeden Satz dranhängten:

„Everything okay, ja Mann?"

„You want some ganja, koks, lobster, snorkeling, cars, women, ja Mann?" Women. Nicht dass Harald und ich unbedingt der Frauen wegen hier waren – die Karibik wussten wir auch an sich zu schätzen: Tauchen, Jerk-Chicken essen und die Sonnenscherben auf den Wellen bestaunen. Wenn als Zugabe noch ein paar Bikiniladys vorbeischlenderten, schauten wir natürlich nicht weg. Und mag sein, dass unsere Blicke mit der Zeit gieriger wurden. So waren wir ganz froh, als in der zweiten Woche Sandra und Regina ankamen, zwei Muschelschubserinnen aus Hamburg.

„Frischfleisch!" grinste Harald. „Nette Figürle!"

Er hatte Recht, ich sagte es ihm – „Ja, Mann!" – und zündete mir eine Craven-A an. Mit der gleichen Maschine kamen auch Popper und Manfred, zwei Klischee-Bayern aus München: Eine Mischung aus Hippie und Schuhplattler, massige Körper, fettige Haare und ausgelatschte

Turnschuhe. Der eine mit dem T-Shirt *Ich bin 30. Bitte helfen Sie mir über die Straße* grinste zu uns rüber, hob seine Finger zum Peace-Zeichen und brüllte: „Cool!"

Noch am gleichen Abend hingen wir sechs an der winzigen Poolbar ab.

„Hey, Jungs", meinte Sandra, „was läuft." Sie lehnte ihren Metallic-Bikini in Haralds Richtung, während Regina sich und ihren bananengelben Einteiler neben mich gequetscht hatte. Sie bestellte einen Hangman. Der Barkeeper nickte, drehte aber erst mal die Bob-Marley-Kassette um. Die lief jetzt seit einer Woche, 24 Stunden am Tag: Reggae, Reggae, Reggae.

Bobby sang also zum hundertsten Mal heute *No woman, no cry*, Sandra nuckelte durch Strohhalm und Lippenstift hindurch an einem Knockout, und wir Typen begnügten uns mit jamaikanischem Bier: Red Stripe aus der Flasche. „Also, i bin der Popper", sagte Bayer Eins.

„Und i der Manni. I finds hier anderscht geil!" Das war Bayer Zwei. Der hatte schon beim Einchecken vom Hausmeister ein Päckchen Ganja gekauft und rote Augen. Keine Konkurrenz also, wenn der Balzstreit um Sandra und Regina ausbrechen würde – Harald und ich konnten das unter uns ausmachen. Dachte ich jedenfalls. Es wurde ein netter Abend. Der Nachmittag schmolz in der Dunkelheit davon wie die Eisbrocken in Sandras Cocktail, und die Poolbeleuchtung wurde eingeschaltet. Regina hatte einen Pullover über den Badeanzug gestreift, was ihre Brüste fast noch hübscher machte. Sie war ruhiger als Sandra, jobbte bei der Post und hatte eine griechische Landschildkröte zu Hause. Manni saß zugedröhnt am Becken und starrte hypnotisiert in den Pool, Popper war vom Hocker gerutscht, hob ein neues Red Stripe und grunzte: „Trinken!"

90

Wir hatten uns für den nächsten Morgen verabredet, aber die Bayern verpennten. Hantel-Harald und ich hatten also freie Bahn, spielten die Reiseführer, luden die Damen zu einer Taxifahrt ein und brachten sie zum Negril-Strand. Dort legten wir Handtücher auf vier Plastikgrills und schauten uns um: feiner, frischgefegter Sand, Palmgeraschel, Kolibris und das Meer. Wir schwammen drin herum, grinsten über das schlechte Wetter Zuhause und lästerten über fette Amerikaner. Ließ sich gut an. Später vermachte ich Sandra meine Taucherbrille und schickte sie mit Harald los, der sie fürsorglich ins Schnorcheln einwies. Ich stieß währenddessen mit Regina an: „Auf Jamaika!"

Das erste Red Stripe des Tages gluckerte, und ich stellte mir vor, ich sei das Bier, das durch ihre Lippen, über die Zunge hinweg in den Hals floss.

„Und, seid ihr wegen der Männer hier?" fragte ich.

„Hm?"

„Typen aufreißen halt."

„Vielleicht." Kein Zögern lag in ihrer Antwort.

Ich grinste und wartete darauf, dass Regina die Kannst-du-mir-den-Rückeneinschmieren-Nummer abziehen würde.

„Des is' völlig anderscht geil hier", brüllte da Manfred los. Hinter ihm schielte Popper auf unser Bier und maunzte: „Trin-ken!"

Ich schüttelte eine Craven-A aus der Packung und übte mich in Geduld.

Zwei Tage später war ich kein Stück weiter. Nicht, dass die Bayern störten. Abends hing Manni mit glimmendem Joint in der Ecke, Popper trank und erzählte Witze. Auch Harald kam mir nicht in die Quere, weil er sich Sandra ausgeguckt hatte und sie sich ihn. Wie sein Spitzname schon sagte: Hantel-Harald hatte nette Muskeln und wusste außerdem alles übers Meer. Er gab gerne mit unseren Tauchgängen an, mit Adlerrochen, Muränen und Barrakudas. Ich dagegen machte immer auf Schriftsteller. Die Kopie meiner einzigen Zeitschriften-Veröffentlichung trug ich ständig mit mir rum und irgendeine Mücke war immer so blöd, ins Licht zu fliegen, damit ich Goethes *Selige Sehnsucht* aufsagen konnte.

„Toll, dass du Gedichte auswendig kannst", meinte Regina nach einem andächtigen Schweigen.

„Trin-ken", sagte Popper.

Manni sagte nichts, sondern baute eine neue Tüte.

Weil am Strand nachts nichts los war, feierten wir unsere privaten Balkon- und Poolpartys. Unterstützt von Bob Marley.

„Mir geht der Reggae auf die Nerven", beschwerte sich Regina.

Verblüffenderweise kam Manni torkelnd auf die Füße und trottete ins Zimmer hoch. Noch bevor Popper „trinken" sagen konnte, war er wieder da und winkte mit einer Gitarre. Zupfte Fredl Fesl, *Yesterday* und *The House of the Rising Sun*. Wir grölten alle mit, übertönten Mister Marley und lachten uns kaputt dabei. Nur Popper blieb still.

„Mitsingen!" rief Harald ihm zu.

„I kann niet!" Er sah richtig traurig aus. Aber wir lachten, bis Manni weiter spielte: *Über den Wolken*.

So verbrachten wir die nächsten Abende. Manfred klampfte und wir sangen mit. Abgesehen von Popper – der trank.

Und mit Regina lief noch immer nichts. Nur einmal war ich nahe dran: Diese Nacht war besonders schwül und die Bayern lagen mit Sonnenbrand im Bett. Regina erzählte von ihrer griechischen Landschildkröte: „Ich bin im Dunkeln immer über Sandokan gestolpert, da hab' ich ihm ein Kreuz aus Leuchtstreifen aufn Panzer geklebt, nech." Sie schaute mich an. „Aber er ist so einsam." Pause. „Er sehnt sich nach einem Weibchen ..." „Wie wär's mit 'nem Mitternachts-Schwimmen im Pool?" fragte ich.

Bald planschte ich im überchlorten Wasser und verschluckte mich, als Sandra und Regina ihre Badeanzüge abpellten. Harald ging's auch nicht besser: Er machte einen großspurigen Kopfsprung und schrammte sich die Nase auf. Hatte ganz vergessen, dass das Becken nur einsfünfzig tief war.

Während Sandra seine Nase tröstete, schwamm Regina zu mir. Ich stand im beleuchteten Wasser und entzifferte ihren verspiegelt sich kräuselnden Körper, bis sie mich umarmte.

„Is this love, is this love what I'm feeling?" raunte ich ihr zu.

Sie konterte ebenso mit Marley, fuhr mir kurz vorn in die Badehose und sang: „Stand up, stand up ..."

Ich fand ihre Brüste, ertastete die Spitzen und – Regina tunkte mich unter. Lachte. „Nicht so schnell, Süßer."

In geschlossener Formation verließen Sandra und Regina den Pool.

„Aber jetzt ham' wer se im Sack", brummte Hantel-Harald. Und rieb sich die Nase.

Die nächste Nacht begann wie alle anderen: Die Sonne ging unter ohne viel Trara, einfach noch Gelb ins Meer rein und fort – Tropen eben.

Wir saßen bei uns im Zimmer, rauchten Ganja und redeten durcheinander. Harald erklärte Sandra, wie man Gelbstreifen-Grenzer mit Seeigeln fütterte. Popper trank

Jamaikas Bierreserven nieder, Manni zupfte an der Gitarre und führte uns durch alte Schnulzen.

Immer wieder riefen wir: „Auf Popper, mitsinge!"

„I kann niet!"

Irgendwann fragte ich: „Warum eigentlich nicht?"

Hätt' ich bloß den Mund gehalten.

„I hoab's mir geschwora!" murmelte Popper.

Er bekam ein dreifaches „Ach!" zu hören.

„I hoab's wegen ner Frau verschwora!"

„Aba die is' doch futsch", lallte Manni. „Komm, Alter, sing' des Liebesliedl!" Wirklich rappelte sich Popper auf und zog nervös am T-Shirt. Es war immer noch dasselbe: *Ich bin 30. Bitte helfen Sie ...* Er begann zu singen. Manni, zugekifft oder nicht, begleitete ihn an der Klampfe, spielte die Melodie einfingrig mit. Schon mal so was erlebt? Musik, die ins Herz schießt wie ein Reißnagel in den Daumen? Musik, die uns plötzlich wieder zu Kindern macht, die auf einen Baum klettern und ganz oben etwas verstehen, aber nicht erklären können?

Wir waren auf Jamaika, hockten auf dem Balkon eines Neckermann-Billigst-Hotels-ohne-Frühstück, die Sterne standen auf dem Kopf, die Luft roch nach Hibiskus und gegrilltem Hühnchen. Und Popper sang: „In' gesach die heide / nie baz gestalt, / in liehter ougenweide den grüenen walt ..."

Popper sang ein Lied, das vor über 700 Jahren entstanden war, er sang ein Lied des Neidhart von Reuental.

„Ir mägde, ir sult iuch zweien ...", sang er, und sein Bayrisch war plötzlich kein lächerlicher Dialekt mehr, sondern die Weltsprache vor Luthers Bibel-Übersetzung, die Hochsprache der Liebe. Popper sang vom Mai und den „mägede wolgetâne", er sang von den Bauern, von der Wut des Verschmähten, von den Verführern und Verführten. Und ich, ich war ein Kind oben im Baum, lauschte der Melodie – und spürte, wie Regina von mir abrückte.

Als Popper die Stimme und Manni seine Gitarre weglegte, heulten wir alle. Regina umarmte Popper und zog ihn in Zimmer 15. Sandra schnappte sich Harald für einen Mondschein-Spaziergang. Manni klebte sich einen neuen Joint.

Ich blieb sitzen, lauschte den Geräuschen des Nachbarzimmers, der Nacht und dem Echo des Neidhartschen Liedes.

„In' gesach die heide / nie baz gestalt ..." Nie sah ich die Heide so schön. Nie habe ich die Welt so schön erblickt.

Ich hasse Minnesang. Früher hab' ich's gern gehört, dieses nette Gedudel mit Schalmei, Tamburin und Schellengeklingel. Heute hass' ich es. Und liebe es.

Iris Köhler-Terz

Nachthaut

Mein schönstes Kleid
trägt deinen Duft,
deine Berührung,
Erregung,
wenn du mich liebst.
Nachthaut,
getragen nur
für dich.

Julia Werner

Der Knoten

Wie es wirklich war, das würde, bei Gott, keine Menschenseele je erfahren. Ihre Lust dauerte nur eine Sekunde: Hannes löste das in ihrem Nacken fest verknotete Haar, und als Schwall dunkler Sehnsucht flutete es über ihren Rücken. Das war der schönste Moment – und das Einzige, von dem sie sich wünschte, dass Hannes es tat. Der Schatten hingegen ...

Hannes war weder grob noch hastig, er fügte ihr nur selten Schmerzen zu und hatte auch nicht so zugelegt wie die Männer der Freundinnen, deren dicke Wänste sie erschreckten. Aber seine Berührungen – Kopf, Brust, Beine, Brust – waren immer gleich, schweigend und fordernd, und er sagte nichts und fragte nichts, während sie mit geschlossenen Augen dalag und stumm rezitierte: Lea, Liebe entwickelt sich; Lea, Liebe reift; Lea, Liebe braucht Zeit.

Und so war es ja auch: Die Beziehung war enger, ihre Zuneigung tiefer und die Vertrautheit größer geworden. Doch was weder aufkeimte, noch wuchs, noch Früchte trug, war ihre Lust: die Lust, berührt zu werden, zu geben, zu nehmen, zu empfangen, und als sie es sich eingestand, enttäuscht, verunsichert, hilflos, war Hannes schon lange ihr Mann, und weitere Wochen, Monate, Jahre vergingen, ohne dass sie es auszusprechen wagte: „Bitte, Hannes; hör zu, Hannes, da ist etwas, was ich dir sagen möchte ..."

Der Schatten hingegen verstand sie wortlos. Keine Erklärung war notwendig, und auch kein Knoten im Haar. Eines Nachts – Hannes' Atemzüge waren gerade erst regelmäßig und tief geworden, und sie spürte noch dem Druck seiner Hände nach – kam der Schatten zu ihr, und sie erschrak vor der Sanftheit, die ihre Härchen auf der Haut wie kleine Soldaten unter einem großen Befehl aufstehen ließ. Der Schatten strich mit weichen Lippen über ihren Hals und das Haar, er trug ihre Brüste in den warmen Schalen seiner Hände und zeichnete mit brennendem Atem ihre Wirbelsäule nach, er verschloss mit Küssen leicht wie Sommermorgenblau ihre Augen und vergrub die Finger mit schier unerträglicher Langsamkeit zwischen ihren Schenkeln. Und plötzlich, dort, wo sich ihr Körper sonst einfach nur geschlagen gab, war sie es, die verlangte, verzweifelt verlangte, bis die zarte Berührung ihren Atem in Stücke riss, so dass sie in ihre Hand beißen musste, um nicht aufzuschreien. Da waren auf einmal tausend kleine heiße Wellen, die in ihr aufbrandeten, sie übermannten, sie verbrannten, jetzt, jetzt musste sie dem Schatten ganz nah sein, jetzt, jetzt spürte sie ihn unter der Haut ... Gütiger Himmel! Doch als sie sich umdrehte, weil sie mehr und noch mehr wollte, war kein Schatten mehr da, und sie sah in das Gesicht des plötzlich so fremden Mannes, der dort lag und schlief, tief und unerschütterlich, bis sie ihn wecken würde am nächsten Morgen. Wenn Gott ihr nur verzieh! Der Schatten durfte doch gar nicht existieren, und leiser musste sie sein!

Noch mehr als alles andere aber fürchtete sie, sie würde irgendwann jenes Quäntchen Lust verlieren, wenn Hannes ihren Knoten löste und eine Ahnung der Leidenschaft sie durchzuckte – die er ihr geben *könnte!* Dann atmete sie den Augenblick, ein kurzes nacktes Zittern, und machte sich bereit für ihre Aufgabe: Sei Frau! Mehr und mehr Sehnsucht bannte sie in diesen Moment, und es war der Windhauch des fallenden Haars, mit dem sie sich in die darauf folgende Umarmung fallen ließ wie ein Kamika-ze-Flieger in die Leere seines Abgrunds.

Deswegen, nur deswegen, trug sie diese Frisur. Deswegen, nur deswegen, war meist sie es, die Hannes tonlos aufforderte, spätabends, vor dem Zubettgehen, sich langsam entkleidend, denn um keinen Preis wollte sie diesen Moment missen. Deswegen, nur deswegen, schlüpfte sie morgens leise aus dem Ehebett und war angezogen und frisiert, wenn er erwachte, falls er einmal überraschend, bei Tageslicht, nach ihr griff.

Einmal aber war sie fest entschlossen, von ihrem Mann doch zu fordern, was der Schatten ihr gab. Ihr Haar blieb an diesem Tag offen, und stundenlang saß sie auf dem Stuhl im Flur und probte den Anfang, die richtige Tonlage, die Reihenfolge der Worte: „Bitte, Hannes, hör zu, Hannes, da ist etwas, was ich sagen möchte ..." Nein, sie würde ihre Gefühle nicht mehr wegstecken, tarnen, verraten. Der Schlüssel drehte sich im Schloss, und sie fasste an ihre Brust, tastete nach der feinen Kette, dem silbernen Kreuz: Gib mir Kraft! Hannes stellte seine Tasche ab, sah sie sitzen. Er kam auf sie zu und fasste beinahe derb in ihr Haar, erstauntes Gesicht, fragender Blick. Sie atmete tief ein und wollte sich schon mit der ersten Silbe schnell wieder befreien, da zog er sie an sich und umschlang sie fest, zu fest, um das zu tun, was er immer tat – bloß heftiger, ungestümer, schneller, und ohne das Lösen des Knotens kaum zu ertragen ...

Dafür kam der Schatten nun fast jede Nacht, wenn alles schlief. Nur einmal, als sie tief und lustvoll seufzte, ihr der Laut tückisch in der Morgendämmerung entwich, war Hannes wach, und schon spürte sie seine große Hand, seinen festen Griff, und er erstickte ihr Zittern unter seinem noch traumwarmen Fleisch.

Überhaupt war er mit seiner Frau zufrieden, die ihn wieder und wieder verführte, einfach durch ihre Art, wie sie sich abends, in seidige Wäsche gehüllt, vor ihm zeigte. Die Haut ihres schlanken Halses unter dem straff gespannten Haar, das er gleich lösen würde, war so glatt wie die eines Mädchens, des Mädchens, das er vor vielen Jahren zur Frau gemacht hatte. Immer wieder tauchte dabei dieses Bild vor ihm auf, Leas scheuer, sich abwendender Blick, die Jungfrau, die ihm den Hals mit der silbernen Kette zum Beutebiss bot, ihr zierlicher Rücken, der unter seinen Händen fast verschwand, und wie sie zuckte, wenn er ihr das Haar aufband und sie an sich drückte. Dann hielt ihn nichts mehr zurück, ja, er konnte sich nicht beklagen, denn Lea war immer noch attraktiv und hatte längst nicht so zugelegt wie die Frauen seiner Freunde, deren dicke Schenkel ihn erschreckten. Und wie gern erinnerte er sich an jenen Morgen, beide waren sie wach, ein seltener Fang, ein besonderer Triumph, schläfrig noch und halb blind war er in sie gedrungen – herrlich! Oder der Tag, als sie ihn mit verführerisch offenem Haar im Flur empfangen hatte, was für eine Überraschung! Vielleicht würde Lea ja auch noch die Marotte ablegen, ihn morgens fix und fertig und frisiert zu wecken; ja, warum taten sie es nicht vielleicht sogar mal sonntags, noch vor der Messe?

Gott, dachte Lea, sah einfach zu. Nein, er strafte sie nicht. Denn es gab ja noch diese andere Berührung, wenn Hannes danach nicht sofort wegdämmerte. Dann deckte er sie zu. Mit ihrem Haar. Vorsichtig zog er es unter ihrem Rücken hervor, ordnete es mit weichem Blick und ruhiger Hand, legte es über sie wie einen schützenden Mantel und drückte seinen Mund darauf, zwischen ihre Brüste, in die Halsbeuge, auf ihren Bauch. Und die Stellen, die er küsste, brannten dann wie kleine Feuer, brannten lange, und der Schatten durfte in diesen Nächten nicht kommen, bis auch sie eingeschlafen war.

Eberhard Schulze

Sommerfrühstück

Nackt auf dem Balkon.
Starker Kaffee. Französisch.
Brötchen mit Butter
und Lindenblütenhonig.
Goldgelb tropft er
dir auf die Brüste,
rinnt in den Bauchnabel,
weiter zum Schoß.
Süßer Honigfluss am Morgen.
Sündig beginnt der Tag.

Ursula Schütt

Froschkönig

Er hat einen kurzen, stämmigen Oberkörper, lange Beine mit muskulösen Schenkeln, Glubschaugen und einen Mund fast bis zu den Ohren. Alle nennen ihn Frosch, nur Nadja nicht. Nadja nennt ihn bei seinem Namen: Jacob. Vielleicht bedenkt Nadja deshalb nicht, dass sie etwas tun könnte, um ihn zu verwandeln. Das grämt ihn. Nadja bevorzugt Märchenprinzen.

Jetzt reitet sie mit so einem auf dessen Kawasaki zwischen gelben Rapsblütenfeldern und grünen Wiesen zur Schwarzen Kutte, einem kreisrunden See in einem kreisrunden Krater, von dem es wegen seines schwarzen Wassers heißt, er sei grundlos und verhext. Nicht einmal Fische können in dem Wasser leben, nur Nixen und ein Nöck. Dort baden Nadja und ihr Prinz angeblich nachts. Nackt. Die Frauen entsetzen sich mit Genuss, wenn sie darüber beim Bäcker und beim Fleischer tratschen.

Jacob weiß nicht, was er tun wird, wenn das Gerücht stimmt. Etwas zieht ihn zwingend zum See.

Jacob tastet sich durchs Unterholz des Fichtenwäldchens, das rings um den See wächst. Der Mond malt Hexenmuster aufs Moos. Jacob fürchtet sich nicht. In seiner Familie gibt es seit eh und je Hexen, zumindest kakeln das die Frauen beim Bäcker und beim Fleischer. Als er aus dem Wald tritt, sieht er den schmalen, sandigen Uferweg unterhalb des Hangs liegen. Der nackte Nöck spielt Mundharmonika und eine Nixe tanzt im Mondlicht. Nadja und ihr Prinz. Nadja hebt die Hände über den Kopf und kreist mit den Hüften. Jacob will mehr sehen, rutscht auf einer moosbewachsenen Wurzel aus und den Hang rücklings hinunter. Augenblicklich verstummt die Mundharmonika.

„Du Spanner!"

Ehe Jacob wieder auf den Beinen ist, zieht ihn der Prinz am Hemdkragen hoch, schlägt ihm die Faust in den Magen, dass er nach Luft schnappt wie ein Fisch auf dem Trocknen.

„Dich ersäuf' ich!" schreit der Prinz und zerrt ihn zum Wasser.

„Schön langsam", sagt Nadja, und dann verblüfft: „Du?"

Sie stellt sich so dicht vor Jacob, dass ihre Brustwarzen sein Hemd streifen.

„Den lassen wir verhungern, bevor wir ihn ersäufen", sagt Nadja, öffnet seinen Gürtel und schiebt ihm genussvoll und langsam die Hosen hinunter, während ihm der Prinz die Arme nach hinten biegt. Jacob bemerkt das kaum, denn er schaut auf Nadjas schmalen weißen Rücken, auf zwei weiße Halbkugeln und spürt ein Kribbeln in den Lenden. Mechanisch hebt er ein Bein, dann das andere. Nadja befreit ihn von dem Kleiderwulst um seine Füße. Ihre Hände gleiten an seinen Beinen nach oben, verharren kurz an den Knien und streichen dann langsam und zart über die Innenseiten der Oberschenkel. Jacob schaudert.

„Hemd aus!" fordert sie.

Lachend lässt der Prinz Jacob los. Er hat begriffen.

Nadja knöpft das Hemd auf und zieht es, indem sie Jacob umfasst, nach hinten, über seine Arme, streift ihm dann den Slip herunter.

Der Aufruhr seines Körpers wird sichtbar. Jacob ist hilflos vor Scham.

„Der braucht eine Abkühlung!" schreit der Prinz und stößt ihn ins Wasser.

„Bist du verrückt? Er kann nicht schwimmen!"

Kopfüber springt Nadja hinterher. Sie taucht und findet Jacob, der wild um sich schlägt, im Wasser. Sie stützt seinen Körper von unten, dass er Luft bekommt und fasst ihn dann von hinten unter den Schultern.

„Lass' dich ziehen", keucht sie und schwimmt in Rückenlage, Jacob liegt auf ihrem Leib und strampelt noch immer wild mit den Beinen, bis er den Slip endlich los ist, der sich um seine Fußgelenke gewunden hat. Dann bewegt er die Beine ruhig im gleichen Rhythmus wie Nadja.

Über ihm leuchtet groß und rund der Mond. Er zwinkert Jacob zu mit dem leichten Silberblick seiner Großmutter. Jacob zwinkert zurück. Da lacht ihm aus dem gelben Ball der Mund seiner Tante an. Deutlich erkennt er die schmale Lücke zwischen den Schneidezähnen. Die Sterne beginnen zu singen. Nun wird alles gut.

„Brauchst du Hilfe?" ruft der Prinz.

„Nein", ruft Nadja zurück, „wir schwimmen ans andere Ufer, hier ist es zu steil."

Jacob weiß, wo Nadja hin will. Am gegenüberliegenden Ufer befindet sich eine Stelle, wo unter Wasser Felsen eine Art Treppe haben entstehen lassen, auch Baumwurzeln und Ginsterzweige ragen ins Wasser, an denen man sich festhalten und herausziehen kann. Wegen des steilen Ufers steht seit ewigen Zeiten ein Badeverbotsschild am See.

Im Mondschein erzeugt der See Abgründe.

„Hast du Angst?" fragt Jacob.

„Ich doch nicht", sagt Nadja, „du bist am Ersaufen."

Jacob lässt sich ziehen. Lässt sich so weit in den See ziehen, dass die Ufer nur noch dunkle Streifen sind. Ihn gruselt, wenn er an die bodenlose Tiefe unter ihnen denkt, ein wohliges Gruseln. Er überlässt es ihr, sie beide über Wasser zu halten, genießt, dass ihn ihre Hände mal hier, mal da anfassen. Der Prinz hätte sich auf den Bauch legen und sie aus dem Wasser ziehen können, überlegt Jacob. Doch Nadja will mit ihm über den ganzen See schwimmen ans andere Ufer …

Probehalber streicht Jacob über ihre Beine. Sie sagt nichts. Jacob streichelt intensiver.

„Ich muss mich mal auf den Bauch drehen. Halt dich an meinen Schultern fest."

Sie lässt ihn los. Er spürt ihre Wendung unter sich, schluckt Wasser, hustet, findet ihre Schultern und wird beim Gesang der Sterne zum Nöck, der sie fest umfasst und mit ihr zum Grund will.

Auch jetzt bewegen sie sich im gleichen Rhythmus. Der Fisch des Nöck sucht nach Wärme, damit er im schwarzen Wasser überleben kann, er tummelt sich zwischen ihnen.

„Hör auf, du Idiot", sagt Nadja, „wir sind gleich am Ufer."

Der Fisch kann nicht aufhören damit, er steigt und schwimmt in die warme Höhle, dort wächst er und wächst und zwingt den Nöck, der Nadja an sich presst, ihn immer kräftiger hineinzustoßen, bis der Nöck sie mit einem gewaltigen Schrei mitnimmt in die berstende Tiefe. Dort gebiert Nadja einen milchigen Schleim, der sich verteilt, tiefer sinkt bis zum Schoß des Sees und Nixen zeugt.

Nebeneinander schwimmen sie außer Atem das letzte Stück zum Ufer.

„Du kannst schwimmen", stellt Nadja fest.

„Ja", sagt Jacob. „Ich war mal ein Frosch."

Auf der Felsentreppe bleibt Nadja stehen, wendet sich ihm zu, dessen Kopf sich in Höhe ihres Nabels befindet.

„Schwimm noch mal mit mir."

„Nicht jetzt" sagt Jacob.

Nadja steigt ans Ufer und reicht ihm die Hand, um ihm beim Hinausklettern zu helfen.

Er sieht das spöttische Zucken in ihren Mundwinkeln.

Da bettet er sie bedächtig unter einen Strauch am Rand des Uferwegs. Sie faltet sich auf wie ein vierblättriges Kleeblatt. Er schaut zum Mond zwischen den Zweigen und bittet stumm um die nächste Verwandlung. Er riecht Humus, schmeckt Erde und wird beim Lied der Sterne zum Baum, entwurzelt vom Sturm. Stamm wird sein Körper, Äste die Gliedmaßen, Zweige krallen sich wie Hände ins Ufergras und die Wurzel wächst aus seinem Mund und gräbt sich in die Tiefe, windet sich hinein in das nachgiebige vibrierende Erdreich, langsam, tastend, bis sie das Feld findet, das die Säfte frei gibt und schmeckt den Strom, der ihr entgegen fließt. Der Baum trinkt. Stark ist er nun und fest verwurzelt.

Jacob bettet seinen Kopf neben Nadjas Kopf, streichelt beruhigend ihren Rücken, als sie sich an ihn schmiegt, bis ihr Atem stiller wird und sie flüstern kann: „Jacob, lieber Jacob …" Er küsst ihr Gesicht und schmeckt Salz und Feuchtigkeit.

„Wir müssen ans andere Ufer. Unsere Kleider holen."

„Ich glaube nicht", sagt Jacob und pfeift auf zwei Fingern.

Der Märchenprinz taucht auf aus dem Nichts, reicht beiden ein Kleiderbündel.

„Ich hab' dein Motorrad gehört, Spanner", spottet Jacob, während er sich anzieht.

Der Prinz sagt zu Nadja: „Die Kawasaki steht gleich da vorn. Ich hab' gedacht, ihr seid ertrunken."

„Ja", sagt Nadja. „Los, fahren wir." Und zu Jacob: „Schwimmen wir morgen wieder?"

„Wann immer du willst."

Dann läuft er um den See bis zu dem Waldstück, in dem sein Fahrrad steht. Jacob lacht in sich hinein. Jetzt ist ihm egal, dass Nadja mit diesem Märchenprinzen in die mondhelle Nacht fährt. Er, Jacob, ist der Froschkönig. Er kann sich verwandeln.

Peter Gosse

Das wars

1

Wir aßen.
– Was?
– Einander.
– Solch ein Hassen?
– Du Dummerchen von Menschkind: Wir genasen.

2

Was war, war Wüste.
Nun, im ganzer Glücksal Unbewußten,
Wir nahmen Land vor Lebens engbegrenzter Küste,
Gestüm Willfährige des Ur-Gemußten.

3

All so mein Mund entsteht, aufs zärtlicheste zahnlos,
Und weich die Zunge, sonst so muskulöse,
Betet gesund die Weichheit Deiner Öse,
Und hellicht schrille bricht Dein Wahn los.

4

Das Jüngste nicht, das Höchste der Gerichte!
Einander speisten wir: hinauszögerndes Dünen.
Dann, schöner Drangsal, Saft in Saft sich mischte. –
Der Alltag läßt sich nur durch Sünde sühnen.

5

Wie wir des Tods Gestalt, trotz er gestaltlos, beugten,
Obwohl wir, Frevler wir, nicht zeugten.
Begannen dann zu hören unser Babeln
Abmattend sich ins laute Hiersein gabeln.

Fünfunddreißig aus Tausend
Der Menantes-Preis für erotische Dichtung 2012

Bereits zum vierten Mal wurde der Menantes-Preis für erotische Dichtung in diesem Sommer verliehen. Wie bei allem, was sich wiederholt, droht ihm nun der Erzfeind jeder Lust: Routine. Tatsächlich scheint die Neugier an dem Preis zu schwinden: mit 550 Autorinnen und Autoren aus immerhin 13 Ländern beteiligten sich fast einhundert weniger an dem Wettbewerb als vor zwei Jahren.

Während das Quantum der Teilnehmer sank, stieg jedoch erneut die Qualität der Beiträge. Die Spreu trennt sich vom Weizen. Sandten uns anfangs vor allem Hobbyautoren ihre überschwenglichen Liebeshymnen, sind es nun zunehmend Schriftsteller und Journalisten, die mit genau kalkulierten Worten die Lust an der Lust zur Sprache bringen.

Auch und gerade auf dem Gebiet der Erotik gilt: weniger ist oft mehr. Der Genuss am Liebesspiel wächst ja nicht, je blumenreicher ich darüber rede. Wilde „Brunstschreie", knospende „Liebeshügel" und tropfende „Lustgrotten" wirken unfreiwillig komisch. Nirgends wuchert der Kitsch mehr als im Erotischen. Und auch hier ist er nur Ersatz für das Echte, eine Scheinbefriedigung tieferer Bedürfnisse. Nichts ist schwerer zu beschreiben, als die Leichtigkeit der Liebe, denn dieses einfachste der Gefühle ist zugleich das komplizierteste, Freude und Lust dabei vom Schmerz nicht zu trennen.

Von alledem erzählen die vorliegenden Texte. Es sind die besten 35 aus über tausend Beiträgen, da jeder Teilnehmer drei Gedichte oder eine Kurzgeschichte einsenden durfte. Die Einsendungen wurden unter fünf Juroren aufgeteilt, die jeweils fünf Favoriten für die engere Wahl vorschlugen. Aus diesen 25 Autorinnen und Autoren musste sich die Jury für fünf Finalisten entscheiden, die am 16. Juni 2012 im Pfarrhof von Wandersleben ihre Texte lasen.

Da auch die Juroren nicht frei sind von persönlichen Vorlieben, habe ich danach sämtliche tausend Texte noch einmal gegen den Strich gelesen. Gern hätte ich mehr Beiträge in die Anthologie aufgenommen, aber ihr Raum war begrenzt. Natürlich bleibt auch mein Blick subjektiv, obwohl das Kriterium ein objektives war: Originalität. Die Autoren der vorliegenden Sammlung erzählen in 35 Varianten eine tausendmal erzählte Geschichte, als sei sie zum ersten Mal geschehen. Der Wechsel von Prosa und Lyrik sowie von männlichen und weiblichen Stimmen mag dafür sorgen, dass eines nicht aufkommt: Langeweile.

Leser der vorhergehenden Anthologien werden manchen Namen wiederbegegnen, die schon mehrfach an dem Wettbewerb teilgenommen haben. So scheint sich mit der Zeit eine „Familie" von Autoren um den Preis zu scharen. Wobei es diesmal etwas heftiger „zur Sache" geht. Dennoch wird es manchen, die Erotik für Softporno halten, nicht deftig genug sein. Denen sei noch einmal die Unterscheidung der Preisverleiher angeraten: Pornografie ist das zwanghafte Aufgeilen abgestumpfter Sinne durch immer gleiche Worte und immer gleiche Griffe an die immer gleichen Körperteile. Erotik dagegen die Steigerung des Genusses durch Verfeinerung der Sinne im fantasievollen Miteinander, das den ganzen Leib erregt und uns in den anderen übergehen, überfließen und frei verschenken lässt.

Jens-Fietje Dwars

Die Autoren

Achim Amme, Autor, Schauspieler, Musiker, Hamburg.
Waltraud Bondiek, Beamtin, lebt in Radebeul.
Johannes Chwalek, Lehrer und Autor, lebt in Mainz.
Dorothee Dauber, freie Übersetzerin, lebt in Berlin.
Falk Andreas Funke, Sachbearbeiter, lebt in Wuppertal.
Astrid Gebauer, Drehbuchautorin, lebt in Ronnenberg.
Peter Gosse, Schriftsteller, lebt in Leipzig.
Isabel Hessel, Kulturmanagerin, lebt in Antwerpen.
Peter Hönig, Fotodesigner, Autor, lebt in Reinheim.
C. H. Huber, Schriftstellerin, lebt in Innsbruck.
Bärbel Klässner, Schriftstellerin, lebt in Essen.
Maria M. Koch, Sozialpädagogin, lebt in Tutzing.
Philipp Koch, freier Autor und Kurator, lebt in Berlin.
Iris Köhler-Terz, Erzieherin, lebt in Oranienburg.
Jonas Torsten Krüger, Schriftsteller, lebt in Berlin.
Christina Müller-Gutowski, Diplom-Pädagogin, Düsseldorf.
Stefan Müser, Schriftsteller, lebt in Berlin.
Gisela Noy, freie Autorin und Übersetzerin, lebt in Köln.
Basti Perca, Philosophiestudent, lebt in Erfurt.
Boris Preckwitz, Schriftsteller, lebt in Berlin.
Ferdinand Schmalz, Philosophiestudent, lebt in Wien.
Manuela Schreiber, Lektorin, Musikkritikerin, lebt in Halle.
Eberhard Schulze, Kulturwissenschaftler, Neubrandenburg.
Ursula Schütt, Schriftstellerin, lebt in Dietzhausen.
Helmut Stauder, Romanautor, Lektor, Rezitator, lebt in Hösbach bei Aschaffenburg.
Christine Sterly-Paulsen, Ethnologin, freie Autorin, Hamburg.
Sigrid Ruth Stephenson, Journalistin, lebt in Bad Oldesloe.

Ursula Sternberg, Programmiererin, Krimi-Autorin, Essen.
Christian Stielow, Student der Geschichte, lebt in Berlin.
Olaf Weber, Prof. em. für Ästhetik, lebt in Weimar.
Julia Werner, freie Autorin, lebt in Berlin.
Gabriella Wollenhaupt, TV-Redakteurin und Krimi-Autorin,
  lebt in Dortmund.
Ulla Worringer, freie Autorin, lebt in Bergisch Gladbach.
Frank Wittmer, Musikwissenschaftler, lebt in Mainz.
Arnold Zeies, Versicherungskaufmann, lebt in Willich.

Die Preisträger

Der *Menantes-Preis* wurde an Ursula Schütt verliehen, den
Publikumspreis erhielt Waltraud Bondiek. Weitere Teilneh-
mer des Finales am 16. Juni 2012 waren: Sigrid Ruth Ste-
phenson, Stefan Müser und Bärbel Klässner.

Die Menantes-Preis-Jury

Matthias Biskupek, Schriftsteller, lebt in Rudolstadt.
Jens-Fietje Dwars, Schriftsteller, Film- und Ausstellungsma-
  cher, Redakteur der Zeitschrift „Palmbaum", Jena.
Kathrin Groß-Striffler, Schriftstellerin, lebt in Jena.
Cornelia Hobohm, Lehrerin und Autorin, Mitbegründerin
  des Menantes-Förderkreises Wandersleben.
Romina Voigt, Lyrikerin, lebt in Jena.

Der Grafiker

Karl-Georg Hirsch, hat seit 1970 die Werkstatt für Holz-
schnitt an der Hochschule für Grafik und Buchkunst in
Leipzig geleitet und dort von 1989 bis 2003 als Professor
gelehrt, lebt in Leipzig und Dölitzsch.

Inhaltsverzeichnis

Frank Wittmer: Weintrinker 5

Waltraud Bondiek: Luxus, Stille und Wollust 6

Christina Müller-Gutowski: Kalligraphisch 10

Helmut Stauder: Schlange und Schafe 11

Isabel Hessel: pianopiano 15

Bastí Perca: Asymmetrie 16

Ulla Worringer: schweig mein geliebter 25

Philipp Koch: Nachbarn 26

Christian Stielow: Haiku 32

Dorothee Dauber: Gemischte Gefühle 33

Achim Amme: Sommerwind 39

Astrid Gebauer: Tu es 40

Arnold Zeies: Annette 42

Maria M. Koch: Wasserspiele 43

Boris Preckwitz: tithonos an eos 46

Ursula Sternberg: Abschied 47

Johannes Chwalek: Des Mondes abgekehrte Seite 52

Sigrid Ruth Stephenson: Buchstäblich Liebe 53

Olaf Weber: Schachbordelle 59

Christine Sterly-Paulsen: Aphrodite 60

Manuela Schreiber: Sage mir nicht 61

Stefan Müser: Trautes dazwischen 62

C. H. Huber: amselgezwei 67

Peter Hönig: Das Glück aber ist eine Frau 68

Gabriella Wollenhaupt: dämonen 76

Falk Andreas Funke: Weil aber kein Platz mehr
in der Herberge war 77

Bärbel Klässner: Tanz mich 79

Ferdinand Schmalz: Auf Spur 81

Gisela Noy: In einer fremden Küche 88

Jonas Torsten Krüger: Neidhart auf Jamaika 89

Iris Köhler-Terz: Nachthaut 96

Julia Werner: Der Knoten 97

Eberhard Schulze: Sommerfrühstück 102

Ursula Schütt: Froschkönig 104

Peter Gosse: Das wars 110

Nachwort: Fünfunddreißig aus Tausend 113

Die Autoren 115

Preisträger, Jury und Grafiker 116

Mehr zu Menantes

erfahren Sie in der Menantes-Gedenkstätte:
Menantesstraße 31, 99869 Drei Gleichen,
Ortsteil Wandersleben
(www.menantes-wandersleben.de)

und im quartus-Verlag:

Leben und Werk des vormals berühmten
Christian Friedrich Hunold alias Menantes
Mit vielen Bildern und einer Auswahl seiner löblichsten
Texte ans Licht gestellt von Jens-Fietje Dwars, 2005
128 S., Engl. Broschur, zahlr. Ill., schwarz-roter Druck.
ISBN 3-931505-74-X, EUR 13,00

Menantes. Dichterleben zwischen Barock und Aufklärung.
Hrsg. von Cornelia Hobohm, 2006
224 S., ISBN 3-936455-33-3, EUR 19,90

www.quartus-verlag.de

Der Menantes-Preis für erotische Dichtung wird vom
Verbund der Volksbanken und Raiffeisenbanken in
Thüringen sowie der Raiffeisenbank Gotha gestiftet,
der Publikumspreis vom Menantes-Förderkreis
der Evangelischen Kirchgemeinde Wandersleben.
Ausgeschrieben wird der Preis alle zwei Jahre
in Zusammenarbeit mit der Thüringer
Literaturzeitschrift „Palmbaum".
Die vorliegende Auswahl der besten 35 von
1000 Texten erscheint mit Unterstützung
des Thüringer Kultusministeriums.

www.menantes-wandersleben.de
www.palmbaum.org

© **quartus-Verlag**, Bucha bei Jena 2012
Für diese Ausgabe. Die Rechte an den einzelnen Texten
liegen bei den Autoren.
Layout : Jo Fried
Druck: Thüringer Papierwarenfabrik C. Schröter
GmbH & Co KG Mühlhausen
www.quartus-verlag.de
ISBN 978-3-943768-06-0